綠茵場的
2021 尋人啟事

列當度、剛田武、嘉安、金竟仔、破風　合著

天空數位圖書出版

目錄

綠色巨人 Hulk　09

Oscar 為錢征戰中超　13

奧地利巨塔 Marko Arnautovic　17

日本足球浪人本田圭佑　21

傳球大師 Xavi　25

找回自己的舞台 Mignolet　29

中場發電 Iniesta　33

大空翼香川真司　37

成名過早 Alexander Pato　41

阿根廷鐵漢 Javier Mascherano　43

太子 Jack Wilshere　47

中場醫生 Mousa Dembele　51

拿坡里發電機 Marek Hamsik　55

前英超新星淪落塞普勒斯 Derbyshire　59

肯亞隊長黃昏在蒙特婁 Wanyama　61

目錄

天才「木閘」Woodgate ... 63

拼命三郎岡崎慎司 ... 65

歐國盃亞軍中衛 Koscielny ... 67

尋人魔術師 Riquelme ... 69

欠缺星運 Ustari ... 71

前瑞士隊長 Inler ... 73

前桑巴指揮官 Diego ... 75

30 歲前走下坡的 Nasri ... 77

Dante 長青中衛 ... 79

Jozy Altidore 告別多倫多？ ... 81

你在方何？Joe Hart ... 83

造物弄人 Fraizer Campbell ... 85

被瑞典丙級棄用的美國神童 ... 87

天生冠軍命 Javi García ... 89

人生勝利組 Ighalo ... 91

目錄

神奇小馬尾 Roberto Baggio　　　　　　93

英雄 Andy King 別來無恙？　　　　　95

英超悍將 Coloccini　　　　　　　　　97

命運就算顛沛流離 Sturridge　　　　　99

曇花一現 Borini　　　　　　　　　101

荷蘭獵人 有情有義 Klaas–Jan Huntelaar　103

掏金之王 Paulinho　　　　　　　　105

爆炸頭 Fellaini 不再爆炸　　　　　107

失業八個月 Bojan 落「戶」勝利船　　109

Alex Song 未來建築界巨匠？　　　　111

過濾器廠工人 Yeşil　　　　　　　113

銀河小豆 Javier Hernández　　　　　115

波蘭字母哥回歸母會「付費」作賽
Blaszczykowski　　　　　　　　117

「喝水」思雷丁 Drinkwater　　　　119

目錄

為何他會無球隊收留？Mirallas   121

紋身帥哥 Daniel Agger   123

尋人 歐洲冠軍失業了 Eder   125

熱刺快馬 Lennon   127

效率先生 Victor Moses   129

西甲惡漢 Banega   131

機動螞蟻 Giovinco   133

Mandzukic 血仍未冷   135

曾經的香港希望 林志堅   137

前德國金童 Mario Götze   139

Rossi 仍在追夢   141

又一前英超失業前鋒 Papiss Cissé   143

魯尼退役了 朝鮮魯尼呢？   145

大巴黎易主後的最後一人 Mamadou Sakho   147

惡人回鄉尋根 Diego Costa   149

目錄

上了財經版的 Kieran Gibbs	151
老驥伏櫪 Fonte	153
壞孩子 Mario Balotelli	155
命裡無時莫強「球」Higuaín	157
詭異的 Adebayor	159
聰明反被聰明誤 Cleverley	161
羅馬惡漢 De Rossi	163
前 Ozil 搭檔 Marko Marin 登陸匈牙利	165
Mannone 一場歡喜一場空	167
大十字 Großkreutz 自毀前程	169
寧選英冠不挑英超 Gary Cahill	171
改投死敵重新起來 Gary Gardner	173
最重要是找到賞識你的人 Brad Guzan	175
前英超射手 Rodallega 身在何方	177
星二代 André Ayew 出人頭地	179
藍軍射手前途未卜 Rémy	181

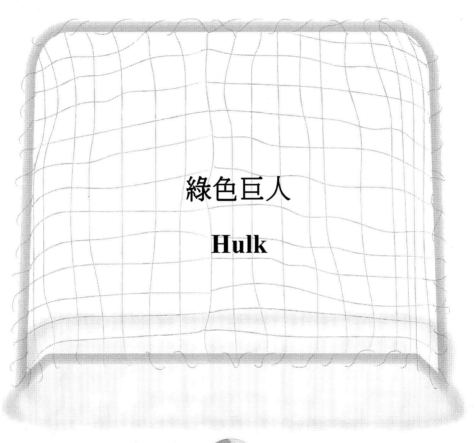

綠色巨人

Hulk

　　如果向球迷介紹本名 Givanildo Vieira de Souza 的巴西前鋒球員，相信大家都不會知道是誰。但如果提起 Hulk，大家都應該很熟悉。Hulk 身材魁梧，與漫畫人物「變形俠醫」一樣，因此有了 Hulk 的外號。現年 35 歲的前巴西國腳 Hulk 因為和總教練鬧翻後，在 2020 結束了他在中超之旅。可能是鳥倦知返，Hulk 最後加盟了巴甲的米內羅競技。

　　巴西球星 Hulk 在日職川崎前鋒打響名堂。跟一般球星不同的是，Hulk 一直沒有在歐洲頂級聯賽效力。2008 年，Hulk 輾轉加盟了葡超豪門波圖，從此展開其成名之路。在波圖效力了 5 個賽季，Hulk 在 99 場比賽中踢進了 54 球，效率十分之高。在效力波圖期間，Hulk 替波圖贏得了 1 次歐洲聯賽冠軍，3 次葡超冠和 3 次葡萄牙盃冠軍。其出色表現開始受到了歐洲豪門球會的注意。不過讓人意外的是，Hulk 並沒有選擇豪門球會，而是加盟了俄超的澤尼特。在澤尼特的 4 個球季當中，成績只是一般，雖然他仍能維持高進球率。2016 年，Hulk 再次做出讓人意料之外的舉動，就是轉會到中超的上海上港，正式展開其掘金之旅。據報 Hulk 在上港的薪金高達每周 39 萬鎊。

　　侯克曾經透露自己收到過五大洲聯賽甚至是一些豪門球隊的報價，但他一一拒絕了。原因無它的，只

是因為一個錢字。在歐洲的豪門球隊當一個後備球員，
工資肯定遠遠比不上辛尼特，上海上港這些土豪球會。
侯克生於貧苦家庭，兒時替父親經營肉檔，可惜三餐
不繼，生活苦不堪言，因此他的選擇可以理解。

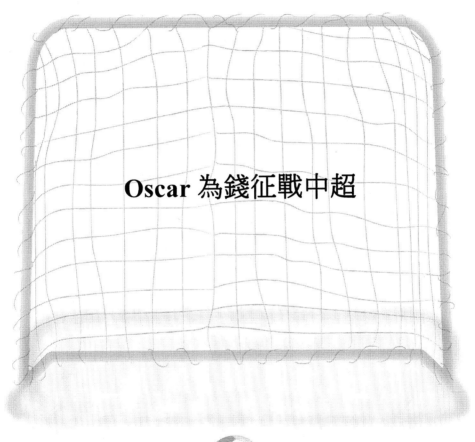

Oscar 為錢征戰中超

Oscar 全名是 Oscar dos Santos Emboaba Júnior，出身自巴西勁旅聖保羅。2012 年他以大約 2500 萬鎊轉會至切爾西，正式登陸英超。Oscar 可以司職攻擊中場或邊鋒，他擁有傳統巴西球員的細膩技術，而且有出色的速度和大局觀，能在中場掌控比賽節奏，有效地串聯起中場和鋒線。而自 Jose Mourinho 在 2013 年重返切爾西後，更提升了 Oscar 的防守能力，使他成為了一名攻守兼備的中場球員。

這位巴西國腳曾經史丹佛橋渡過近五個賽季，一共為藍軍贏得一次歐洲聯賽冠軍、兩次英超冠軍以及一次足總盃冠軍，成績斐然。Oscar 也代表巴西參加了 2014 巴西世界盃決賽圈，7 場比賽取得了 2 個進球，表現不俗。

2017 年，處於球員黃金時間的 Oscar 沒有選擇轉會到其他歐洲豪門，反而離開歐洲賽場轉投中超，為金錢而放棄一切名聲以及為國家隊效力的機會，淡出受球迷們所注視的目光之中，讓球迷們難免感到唏噓。據聞 Oscar 在上海上港的周薪高達 40 萬鎊，是當年世界最高薪的球員之一。Oscar 也不負所托，為球會贏得了 2018 年的中超冠軍。

　　不少球迷抱怨 Oscar 在盛年為了前往中超掘金，放棄了在高水平聯賽競逐的機會，無法在其職業生涯再創高峰。但其實 Oscar 還年輕，目前 30 歲不到，難保將來不會跟他同鄉 Paulinho 一樣，回歸歐洲大豪門球會，繼續發熱發亮。不過前題是 Oscar 本人要保持高水準競技水平和不要受傷。

奥地利巨塔

Marko Arnautovic

　　有「奧地利伊巴」之稱的奧地利球星 Marko Arnautovic 在本屆歐洲盃表現不俗，三場比賽踢進了一球。本來以他的比賽狀態，應該會有更好的表現。不過一向性格暴躁，口不擇言的他，在對北馬其頓的比賽中，Arnautovic 取得進球後，居然以種族歧視言論侮辱北馬其頓球員。最後被歐洲足協處罰他禁賽一場，讓他無法在對義大利的 16 強中上陣，提早結束其歐國盃之旅。

　　身高達到 1.92 米的 Marko Arnautovic 球風強悍，擅長用其體形優勢取得進球，而且把握力不俗。出身自荷甲俱樂部屯特的 Arnautovic 要到德甲文達不來梅時，才廣為球迷所認識。Arnautovic 在 2013 年夏天登陸英超，加盟斯托克城。雖然擁有不錯的體形和技術，不過在斯托克城的進球率一直不高，很大程度是與隊友配合度不足。4 個賽季上陣了 125 場只進 22 球。

　　在於 2017 年夏天，西漢姆聯的管理層作出一個極具風險的決定，就是以 2000 萬鎊的轉會費從斯托克城收購了 Arnautovic。礙於 Arnautovic 一向情商不高，故有眾多的評論均不看好是次的收購。結果，Arnautovic 也沒有讓人失望，連續兩個賽季替球隊取得的 10 個以上的進球。Arnautovic 不僅具備出色的身體條件，而且擅長單打獨鬥。西漢姆聯總教練安排

Arnautovic 當正前鋒，讓他有發揮的機會。當西漢姆聯的球迷期望 Arnautovic 可以在球會有一番作為時，Arnautovic 居然選擇了離開球會，加盟中超的上海上港。據報其周薪多達 28 萬鎊。在人民幣吸引下，再加上 Arnautovic 可能覺得自己高峰已過，不如盡量多賺一點，為退休作準備。

當然，以 Arnautovic 質素，在中超可以說是如魚得水。為上海上港出場 30 場，共進了 19 球。本賽季，Arnautovic 在中超狀態大勇，4 場比賽已進了 3 球。就讓我們拭目以待他本賽季的表現。

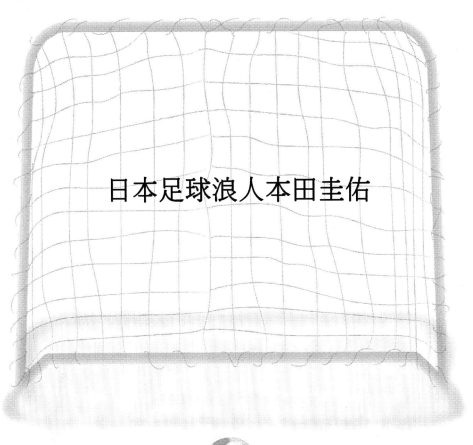

日本足球浪人本田圭佑

　　日本足球名星本田圭佑的兒時夢想就是要成為職業足球員，加盟 AC 米蘭。並且可以代表日本，參加世界盃決賽圈。憑著努力不懈和堅強的鬥志，本田把兒時夢想一一實現。本田圭佑是名符其實的足球浪人，其足跡遍及亞洲、歐洲、中美洲、南美洲以及大洋洲。讓我們一起回故一下本田的浪人之路。

　　中學時，本田加入了著名的大阪飛腳的少年隊，但無奈最終未能晉身球隊的青年軍。但本田並沒有放棄，憑著努力終於獲得了到名古屋鯨魚俱樂部的機會。在名古屋一隊很快就能站穩主力位置，本田的擅長位置是攻擊中場，出色的表現引起了荷蘭籍教練 Sef Vergoossen 留意，在他推薦下，本田加盟了荷甲的芬洛球會。正式展開其旅外生涯。本田圭佑的旅歐生涯也是以悲劇開局，球隊要降級到荷乙。不過本田憑自己堅韌的性格，很快成為球隊的進攻核心。在本田帶領下，第二賽季，芬洛贏得荷乙冠軍，重返荷甲。

　　接著本田將目標放在俄超，2009 年 12 月，俄超勁旅莫斯科中央陸軍正式收購本田圭佑。在這四個賽季中，本田為莫斯科中央陸軍贏得了兩次俄超冠軍和一次俄羅斯超級盃，成績斐然。2014 年，28 歲的本田終於完成兒時夢想，加盟義甲 AC 米蘭，並穿起了傳奇的 10 號球衣。不過本田在米蘭發揮不理想，被總教

練安排在他不擅長的位置，也沒法站穩球隊的主力陣容。加上當時米蘭隊已不復當年，主力陣容質素不高，老闆沒有用心經營，本田在米蘭的四個賽季可說是碌碌無為，也受到不少球迷批評。

本田的下一站出乎大家意料，選擇加盟了墨西哥豪門帕丘卡。之後輾轉到過澳職聯賽的墨爾本勝利隊、短暫回到了荷甲加盟維斯特、但都是表現平平，沒有為球迷留下深刻印象。本田逼於無奈找尋下一個落腳點，他在巴甲博塔弗戈逗留了一年。2021 年，本田以自由身加盟非常冷門的亞塞拜然的球隊尼菲治巴庫。最新的消息是，本田在替球會贏下亞塞拜然足球超級聯賽冠軍後，已經離隊。目前還不確定這位浪人的下一個落腳點。

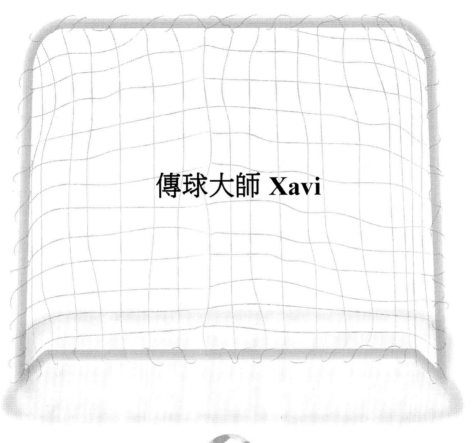

傳球大師 Xavi

1980 年出生的 Xavi 與其中場搭檔 Iniesta 在巴塞隆納合作無間。他們為球會創出了輝煌成績：4 次歐冠冠軍、8 次西甲冠軍和 2 座歐洲超級盃，成就斐然。Xavi 在西班牙國家隊的成就同樣出色，為國家隊拿下了 2010 世界盃冠軍和 2 座歐國盃獎座，他是西班牙黃金一代的代表人物。身材並不高大的 Xavi 卻擁有強大的組織力，創造力豐富加上精準的傳送功夫讓他輕易主宰了中場位置。

出身自巴塞隆納青年隊，Xavi 年僅 18 歲就代表球會在西甲出賽，時為 1998 年 8 月 18 日，對手是馬約卡。難得的是，第一場比賽，Xavi 就收下了一個進球。來到了 2015 年，自覺狀態漸走下坡的 Xavi 毅然離開效力了 17 年的巴塞隆納，加盟卡達豪門球會艾薩德。2019 年 5 月 2 日，征戰球場 21 年，39 歲的哈維宣布在賽季結束後掛靴，並展開其教練生涯，執教球會同樣是艾薩德。

2019 年 3 月，Xavi 開始擔任卡達世界盃的宣傳大使。Xavi 表示，我親眼見證足球在卡達以及這個地區的進展，足球具有凝聚人們的力量。他對於卡達的硬體設備感到有信心，卡達舉辦世界盃會是成功的。外間也預測 Xavi 有機會以總教練身分帶領卡達參加世界盃決賽圈。每日郵報撰文指出，Xavi 也可能會以助

教或是顧問的方式，加入卡達的教練團。從目前的跡
象來看，雖然 Xavi 不一定可以成為世界盃總教練，但
是有很大的機會加入教練團，只是不知道會以什麼樣
的形式進行，就讓我們拭目以待吧。

找回自己的舞台

Mignolet

　　擁有世界級門將的身體條件，禁區內的統治力，撲救的敏捷反應和傳球的準確度，前利物浦門將 Simon Mignolet 卻總是予人一種活在別人陰影下，時不與我的感覺。

　　比利時門將 Simon Mignolet 成名於自己國家球會聖圖爾登，年僅 17 歲就成為球會一號門將，並協助球會從比利時乙級聯賽升級到甲級。在 2010 年，Mignolet 登陸英超，加盟桑德蘭。初來甫到，Mignolet 就成功爭取到正選位置，3 個球季共替球會上陣 90 場。在 2013 年，利物浦以 900 萬鎊把 Mignolet 帶到了安菲爾德球場。在紅軍效力初期，Mignolet 雖然成功在 Reina 手上爭取到正選位置，可惜他總是在關鍵時刻會犯上低級錯誤，無法予人信心。最經典例子是在 2015 / 16 歐洲聯賽小組賽，在沒有任何壓力的情況下，Mignolet 在禁區內持球 22 秒而沒有將皮球送出，因此被裁判在禁區內判罰一個間接自由球，結果利物浦真的因為這次業餘失誤而先丟一球。

　　隨著 Karius 的加盟，Mignolet 漸失去正選的位置。而 Karius 的表現同樣讓人失望。球會在忍無可忍的情況下，在 2018 年斥巨資收購巴西門將 Alisson。自知無法爭到正選的情況下，Mignolet 提出了轉會要求。

2019 年 8 月 5 日，布魯日宣布以 640 萬英鎊成功羅致 Mignolet，簽下 5 年合約。

回到比利時後，Mignolet 反而表現愈來愈好，在布魯日再次發光發亮。他的好表現更成功協助布魯日一舉奪下 2019 / 2020，2020 / 2021 兩個聯賽冠軍。球迷們也喜見 Mignolet 成功找到了自己的舞台。

中場發電

Iniesta

外號「小白」的西班牙球星 Iniesta 可說是現今足球中場的代表人物。他控球與盤帶能力出色，擁有一流的閱讀球賽能力，組織進攻能力強大，短傳非常精準致命，是少數可以自己帶球前進又能組織攻勢的中場球員。難得的是擔任進攻中場的 Iniesta 經常不惜氣力參與防守，是一個攻守兼備的球員。

小白職業生涯中最讓人印象深刻的一幕當然是在 2010 世界盃決賽。南非世界盃西班牙對荷蘭決賽中憑延長賽下半場，小白接應 Fabregas 的傳球，一箭定江山，令西班牙 1：0 擊敗荷蘭，為國家隊首次奪得世界盃冠軍。在為巴塞隆納東征西討的 16 個年頭，其間獲獎無數，包括 4 座歐冠獎盃，9 次西甲冠軍和 2 次歐洲超級盃。

在 2018 年夏天，功勳名將 Iniesta 決定離隊他投。本來他首選是去中國掏金，但受限於中國政府禁止中國球隊撒天價引進外援的禁令，在薪水談不攏的情況下於 2018 年 5 月加入日本日職聯的神戶勝利船，簽約三年、年薪 2500 萬歐元，成為當時全球第 4 高薪的足球員。他一人的薪水就比球隊團隊薪資還高。

轉會消息落實後，Iniesta 對媒體說：「有很多球會對我表示有興趣，我會選擇神戶勝利是因為他們有很

多有趣的計畫，他們對我有很大的信任和信心，這是
我會選擇的主因。」2020 年 1 月 1 日，Iniesta 以隊長
身分捧起日本天皇盃的獎盃，讓表現來告訴球迷，他
還是寶刀未老。

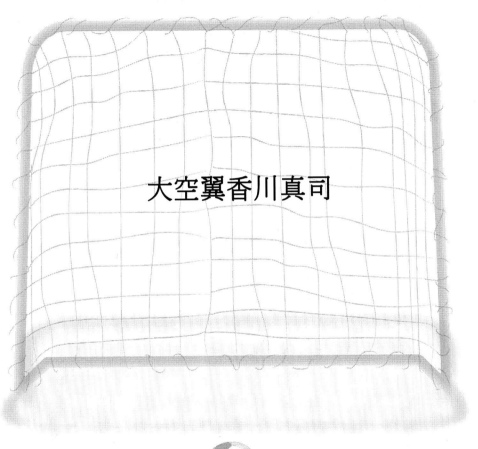

大空翼香川真司

　　雖然不是首位日本人贏得英超冠軍，但香川真司肯定是第一位以主力身分帶領球隊贏得英格蘭頂級聯賽冠軍的日本人。成名於德甲多德蒙特的香川在 2012／2013 年球季加盟英超豪門曼聯。當時不少球迷對這位日本人仍持懷疑態度，但時任總教練佛格森卻對這位進攻球員充滿信心，因為曾經有過朴智星效力曼聯的成功例子，再加上香川早已經在德甲證明了自己的能力：聯賽出場 49 場進 21 球，替球隊贏得 2 次德甲冠軍。

　　香川十分懂得利用自己身體靈活的特性，加上技術細膩，傳送能力和進球把握力上乘，讓他在英超的第一個賽季就交出了好表現。2013 年 3 月 2 日，英超第 2 輪曼聯主場迎戰諾維奇，香川真司在比賽中連中三元，成為首位在英超聯賽中上演帽子戲法的亞洲球員。該球季香川真司代表曼聯在英超 20 場比賽中射進 6 球，幫助球隊獲得聯賽冠軍，這也是香川代表球隊連續第 3 年獲得歐洲頂級聯賽冠軍，到達其職業生涯頂峰。

　　可惜的是香川的狀態快速下滑，加上佛格森退休後，香川在新球季未獲新總教練 Moyes 的重用，讓香川萌生去意。2014 年 8 月，香川重返多德蒙特，簽約 4 年。但香川並未能在德甲找回自己最佳狀態，並輾

轉被外借到土耳奇球會貝西克塔斯。甚至在 2019 / 20
球季香川加盟了西乙球會皇家薩拉戈薩以求取得更多
上場機會。無奈的是球隊在升級附加賽決賽落敗未能
升上西甲。2021 年 1 月 27 日，希臘球隊 PAOK 宣布，
以自由轉會的方式簽入香川真司。這位 31 歲的日本
球員，將會身披 23 號戰袍。畢竟香川年紀不算大，我
們期望他能找回自己的最佳狀態，繼續在歐洲球壇發
熱發亮。

成名過早

Alexander Pato

　　廣東俗語有云：「千金難買少年窮」，意指年輕時多受一些錯折，磨鍊對日後成長有幫助，反而成名太早並不是好事。今天的主角 Alexander Pato 正是其中表表者。18 歲之齡就成為歐洲豪門 AC 米蘭的主力球員，搭擋是球星 Kaka 和 Ronaldinho；女朋友是當時球會主席的女兒。一切對年輕的 Pato 來說可是得來全不費功夫。無可否認，Pato 在足球上擁有過人的天分。司職前鋒的他速度飛快，盤球技術出色，而且擁有讓後衛害怕的射門觸覺。

　　Pato 在 2007 年以 2200 萬歐元由巴西球會國際體育會轉會至 AC 米蘭，當時他被球探形容為全世界最具天賦的年青球員。他在拿玻里的義甲聯賽中首次亮相，並在下半場就取得第一個進球，表現讓所有球迷期待。可惜在 AC 米蘭後期，Pato 不斷受到傷患困擾，他曾經於 12 個月內，於大腿後筋同一位置上受傷 3 次，而隊醫卻找不到成因。在不受到球會重用下，Pato 選擇離隊，在 2013 年 1 月加盟巴甲的哥連泰斯。可惜的是 Pato 足球事業自始漸走下坡，他輾轉被外借到聖保羅，英超切爾西都無法站穩正選位置。Pato 也跟不少巴西同胞一樣，嘗試到中國去掘金，在 28 歲盛年之時加盟中超天津天海，效力兩個球季，最終被球會拖欠工資而自行解約。目前 Pato 效力於美職聯球隊奧蘭多城，本賽季只替球會上陣一場，還沒有取得進球。球迷都寄望 Pato 可重拾佳態，在美職聯發熱發亮，畢竟 Pato 現年只是 32 歲。

阿根廷鐵漢

Javier Mascherano

　　Javier Mascherano 在阿根廷豪門河床青年隊出身，甫出道就已經光芒四射。在巴甲巨人哥林多人一隊短暫停留一年後，Mascherano 就跟同鄉 Carlos Tevez 一起登陸英超，加盟西漢姆聯。不過受到球員合約條款中第三方擁有權違反英超條例的影響，讓 Javier Mascherano 無法專心比賽，表現也一落千丈。加上主帥 Alan Pardew 在賽季中被辭退，結果 Javier Mascherano 只替西漢姆聯踢了 7 場比賽，便在季中匆匆轉投利物浦。加盟紅軍後，Javier Mascherano 受到主帥 Rafael Benítez 的重用，讓他擔任球隊的防守中場位置。Mascherano 的防守剷斷不但成功率高，而且控球更穩固，並迅速取代 Sissoko 成為球隊的正選。在利物浦效力了 3 個球季，表現受到球迷的肯定，其出色表現也吸引到西甲巴塞隆納的注意。在 2010 年 8 月，Mascherano 轉會到巴塞隆納，也開展了其職業生涯的巔峰時期。在巴塞隆納，Mascherano 除了擔任防守中場外，也經常客串中後衛位置，其出色表現被主帥 Guardinola 所稱讚。在巴塞隆納 8 年期間，Mascherano 獲獎無數，贏得 19 項錦標，包括 5 次西甲冠軍和兩次歐聯。

　　跟不少同鄉一樣，Mascherano 在離開西甲後，也短暫去了中超掘金，加盟河北華夏幸福。所謂鳥倦知

還，可能不太適應中國的生活，一個球季後，
Mascherano 就回到祖國阿根廷效力學生隊。這位曾經
是球壇頂級防守中場，希望在餘下的足球生命，為祖
國的足球事業作一分貢獻。

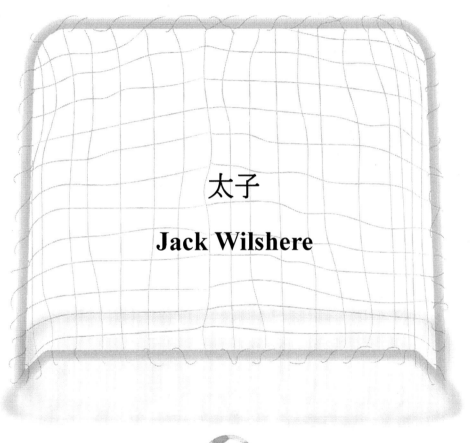

太子

Jack Wilshere

Jack Wishere 曾經是英格蘭近代最具天賦的中場新星之一,在 2018 年離開了效力超過 10 年的兵工廠,也是其沉淪之路的開端。

出身自兵工廠青訓系統,Wishere 在 2008 年為兵工廠一隊上場,以 16 歲又 256 日的年紀,成為最年輕代表兵工廠聯賽上場的球員。當年 Wishere 的表現令他得到不同的獎項及提名,包括獲得 PFA 年度最佳青年球員、PFA 年度最佳陣容和兵工廠年度最佳球員。

可惜好景不常,Wilshree 在 2011 / 12 賽季因嚴重受傷而整季報銷後,再遇上兩次大傷。加上其他大大小小的傷患,Wilshere 甚至被戲稱為 Wheelchair。再加上總教練 Wenger 退休後,Wilshere 也漸失去隊中正選位置,這也增強了他離隊的決心。可能是因為眼見恩師退休,覺得會不受時任總教練重用、或對兵工廠失去信心,Wilshere 離隊他投尋找機會,自是理所當然的事。只是不幸的是,Wilshere 到了西漢姆聯,也沒法獲得正選的機會。Wilshere 在西漢姆聯披上 19 號球衣 —— 這號碼是他剛從兵工廠青年軍提升後穿上的號碼,「重新出發」的寓意明顯不過。

可是禍不單行,加盟西漢姆聯不久,Wilshere 就要接受足踝開刀手術,之後又到鼠蹊受傷。兩賽季聯

賽加盃賽合共上陣僅 19 場，2020 / 21 賽季開季不久，
更被提前中止合約，變成失業人士。不久後，Wilshere
獲得英冠球會伯恩茅斯的青睞，為他提供一份短期合
約。但無奈他的表演無法說服球會管理層給他一份長
期合約。Wilshere 在賽季結束後離開球會，目前還是
待業狀態。早前 Wilshere 獲母會兵工廠邀請隨隊操練
以保持狀態，他矢言有需要不介意做短期替工，也有
不少球迷同意槍手與這名近年飽受傷患困擾的 29 歲
中場，簽署按出場次數支薪的半年合約。希望這位天
才球星不要放棄，盡快重拾狀態，東山再起。

中場醫生

Mousa Dembele

2019 年 1 月，英超勁旅熱刺突然於官方網站上確認一宗讓人意外的球員轉會，31 歲的比利時防守中場 Mousa Dembele，正式轉投中超球會廣州富力，轉會費約 1100 萬鎊。眾所周知，熱刺總教練在賽季中這個敏感時刻，放走經驗豐富、攻守俱佳的 Mousa Dembele，做法當時讓人甚為不解。

在富勒姆時，Dembele 被人暱稱為「醫生」，因為「他總是讓事情變得更好」。Dembele 過去在英超上場 84 次、多數是出任防守中場，有腳法、護球、身體質素可謂全隊最佳。加上跑動範圍擴大、速度高、能夠單槍匹馬殺入對方陣地，可算是一名攻守兼備的中場球員。

Mousa Dembele 出生在的比利時維爾賴克地區。在他 16 歲時候，加入了比甲傳統強隊 Beerschot。在 05–06 賽季，表現出色的他被荷甲球隊威廉二世相中，登陸荷甲。在這個賽季，年僅 18 歲的 Dembele 參加 33 荷甲聯賽，並射進 9 球。同年，Dembele 獲入選比利時國家隊，並在多場比賽以正選登場。作為比利時國腳，他代表比利時國家隊參加了 2014 年巴西世界盃、2016 年法國歐洲盃和 2018 年俄羅斯世界盃。

　　作為靠技術和大局觀立足的防守中場，Dembele 並沒有因為年齡的增長、身體條件的下降，而使得身價出現大幅下滑。就在去年 11 月初，還代表比利時國家隊出戰歐洲國家聯賽的 Dembele，依然算得上是世界級中場。在熱刺後期，Dembele 因為傷病和年齡的增大，表現不如以往。2018／19 賽季更是因為腳踝傷勢只在英超出戰了 10 場比賽。加上熱刺中場競爭激烈，對當時已經 31 歲的 Dembele 來說處境有點尷尬。因此選擇到中超尋找一份養老型大合約也是個不錯的選擇。當然，如果認為 Dembele 已經垂垂老矣就大錯特錯了。起碼在中超，比利時人還是可以遊刃有餘，如果身體健康，他的作用還是挺大的。

拿坡里發電機

Marek Hamsik

Marek Hamsik 可說是繼馬拉度納後，拿坡里第二個象徵人物。他在球場上散發的霸氣和感染力，牽動整隊球隊，是球隊不可或缺的領袖人物。

司職中場的 Hamsik 出生於中歐國家斯洛伐克，在國內豪門球會施洛萬出道。不久後，他出色的表現受到義甲球隊布雷西亞球探的注意。2004 年，布雷西亞以 50 歐元將其簽入，Hamsik 當時只是 17 歲。隨後布雷西亞護級失敗，降級到義乙。雖然 Hamsik 在義乙表現不俗，但仍無法帶領球隊重回義甲。2007 年，升級馬拿坡里以 550 萬歐元進行收購，並將他帶回到義甲。

Hamsik 職業生涯中最黃金的時間可說是在拿坡里渡過。重回義甲的首個賽季，他已成為拿坡里的正選球員。他當時只有 20 歲，整季聯賽上陣了 37 場，攻進了 9 球，成為了球隊的首席射手。以中場球員來說，這進球數可說相當出色。在 2009／10 賽季，Hamsik 整季攻進了 12 球，更帶領拿坡里拿下了聯賽第六的成績，可以出戰歐洲賽。Hamsik 在 2014／15 賽季，更被正式任命為隊長，成為了拿坡里的靈魂人物。2018 年，Hamsik 離開了效力了 11 年的拿坡里，以 1500 萬歐元加盟中超球隊大連一方。不過 Hamsik 在中超一直無法重拾在義甲的佳態，並沒有讓人亮眼的表現。

隨著中國足球的格局在疫情後發生了巨大的變化，Hamsik 在 2021 年離開中超，以自由球員身分加盟瑞典俱樂部哥特堡。其實以 Hamsik 的技術水平和身體狀態，仍可在歐洲大聯賽中立足，這項轉會讓人十分不解。

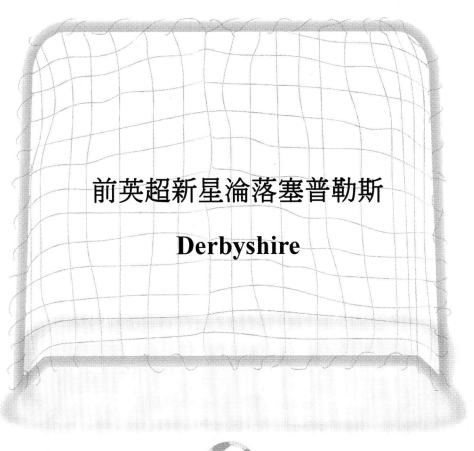

前英超新星淪落塞普勒斯

Derbyshire

前英格蘭 U21 代表 Matt Derbyshire，自小就是布萊克本流浪者粉絲，因而拒絕曼聯的邀請，加入愛隊的青年軍，年僅 20 歲就為一線隊破門，原本以為前途無可限量，可惜發表完全出人意表。

這名前鋒在布萊克本度過了 6 個年頭，大部分時間遊走主力與替補之間，總共上陣 86 場，僅進 20 球，至 2009／10 賽季轉戰希臘聯賽，但思鄉病發，之後一個賽季被租給回英超的伯明翰。回國後，Derbyshire 未能尋回射門鞋，上陣 13 場都無法得分，之後被英冠的諾丁漢森林簽下，聯賽披甲 44 場，只進 8 球，注定難成大器。

2016／17 賽季，他輾轉到了塞普勒斯加盟 Omonia，首個賽季大爆發，踢進 24 球，之後亦有 23 球，但在 2018／19 賽季已走下坡，上個賽季到了澳洲的 Macarthur，進了 14 球，今年夏天重返塞普勒斯，十二中為止，為 AEK Larnaca 上陣 12 場，攻進 6 球。

肯亞隊長黃昏在蒙特婁

Wanyama

2021 年 9 月，肯亞隊長 Victor Wanyama 宣布退出國際賽，把國家隊紀錄定格在 64 場進 6 球的數字上，全心全意為美職聯 CF Montréal 而戰。

防守中場 Wanyama 身高手長，攔截力強，打法勇悍，2011 年加盟蘇超些路迪，兩年後就被英超的修咸頓簽下，轉會費由 90 萬鎊升至 1250 萬鎊。那三個賽季，他表現平穩，並獲熱刺青睞，隨總教練 Pochettino 過檔。

好景不常，Wanyama 在首賽季擔任主力之後，因傷影響發揮，上陣時間不斷減少，直至 2020 年轉戰美職聯至今。有趣的是，他是來自運動世家，父親同樣是足球員，家中另有 3 人是職業足球員，妹妹則是美國職業籃球員。

天才「木閘」

Woodgate

弱弱一問，誰是上一個聯賽盃決賽進球的熱刺球員？恐怕死忠球迷都未必記得，他就是容易受傷的男人 Jonathan Woodgate。

這名英格蘭中衛 1998 年在里茲聯出道，閃電崛起，被譽為本土新一代後防天才，同期球星有 Jimmy Floyd Hasselbaink、Lee Bowyer、Alan Smith、Michael Bridges、Mark Viduka 和 Rio Ferdinand 等，直至 2003 年轉投紐卡索聯。

一年後，「木閘」獲皇馬賞識登陸西甲，可惜適應不了新環境，飽受傷患困擾，一季後租借給米德斯堡，隨後被買斷。2008 年，這名中衛加盟熱刺，每次上陣都有好表現，但仍然走不出傷、傷、傷的陰霾，輾轉回到米堡，直至 2016 年掛靴。

Woodgate 有天賦，卻欠運氣，一輩子僅代表英格蘭上陣八次，最重要是錦標就是 2008 年為熱刺斬獲聯賽盃冠軍，退役三年後回到米堡任教，今年轉教英冠的伯恩茅斯，領軍衝擊英超席位。

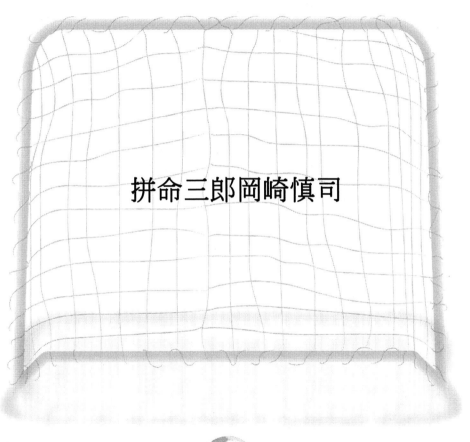

拼命三郎岡崎慎司

　　相距萊斯特城「百年一遇」的英超冠軍，不過是 5 年光景，個別主力如 Robert Huth 已經高掛球靴，但大都仍在馳騁沙場，如日本拼命三郎岡崎慎司。

　　萊城奪得 2016 年英超冠軍時，岡崎慎司是鐵一般是核心，上陣 36 場踢進 5 球，前場與 Jamie Vardy、Riyad Mahrez 合作絲絲入扣，各司其職，表現大獲好評，直至 2019 年離轉西甲馬拉加。

　　好景不常，馬拉加簽他短短 34 日後，宣布因財困而閃電解約，岡崎唯有加盟西乙的 Huesca，本賽季隨隊升上西甲，總算圓夢。

　　剛滿 35 歲的拼命三郎，活力大不如前，本賽季上陣 21 場，僅進 1 球，表現未如人意，今年夏天若不回流日本，很可能會宣布引退。

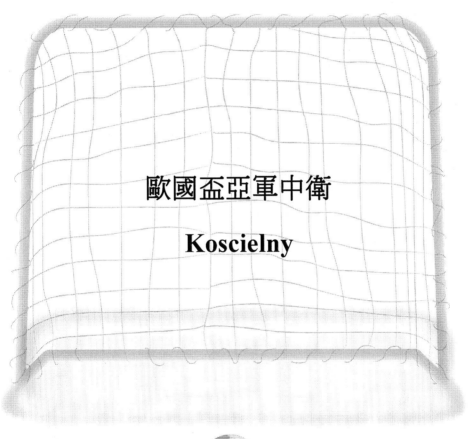

歐國盃亞軍中衛

Koscielny

上屆歐國盃決賽，法國不敵葡萄牙，屈居亞軍，前阿森納中衛 Laurent Koscielny 是陣中成員之一，今日身在何方？

十七年前出道的 Koscielny 人生上半場默默無聞，直至被溫格發現，由法乙帶到英超，一舉成名天下知，把最美年華全都獻給槍手。

由 2010 到 2019 年，他上陣逾 350 場，贏過 3 次足總盃，見證槍手進入後溫格時代。然而，他在最後兩個賽季經常受傷，以致慢慢被球迷遺忘，終在 2019 年以 460 萬鎊重返祖國加盟波爾多，豈料誤上「賊船」。

波爾多一度陷入財困，今年 2 月放盤，夏天傳出倒閉危機，終在 6 月下旬獲得白武士打救，下賽季有望留在法甲角逐。說回 35 歲的 Koscielny，首個賽季表現稱職，上個賽季再次經常受傷，比賽場數跌至 20 場，下賽季與球隊一樣前途未卜。

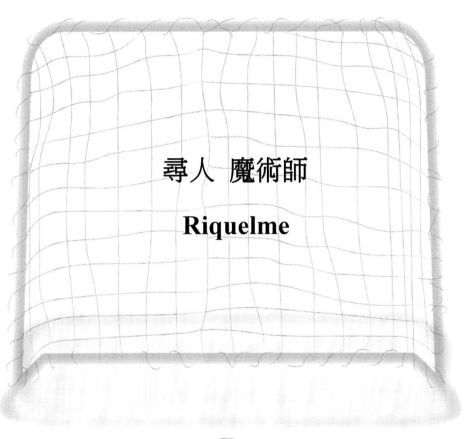

尋人 魔術師

Riquelme

　　恭喜，比亞雷亞爾（Villarreal）互射十二碼擊敗曼聯，奪得隊史首座重要錦標。本賽季歐洲聯賽決賽之前，黃色潛艇最厲害的戰績，莫過於躋身歐冠聯四強，那是 2005 / 06 賽季，可惜被阿森納淘汰出局，當年陣容有 Marcos Senna、Juan Pablo Sorin 和 Diego Forlan 等猛將，還有阿根廷魔術師 Juan Román Riquelme。

　　傳統 10 號 Riquelme 出道於博卡青年，2002 年轉投巴薩後鬱鬱不得志，翌年租借給黃色潛艇，2005 年正式轉會。他在三個半賽季度過了人生最美好的歲月，上陣超過 140 場，踢進逾 40 球，隨後回到母會，最後在小阿根廷人退役。

　　今年 42 歲的 Riquelme 掛靴 7 年，無意執教，目前是博卡青年的副主席，經常出現在看台，但同時負責女子足球和青訓工作。

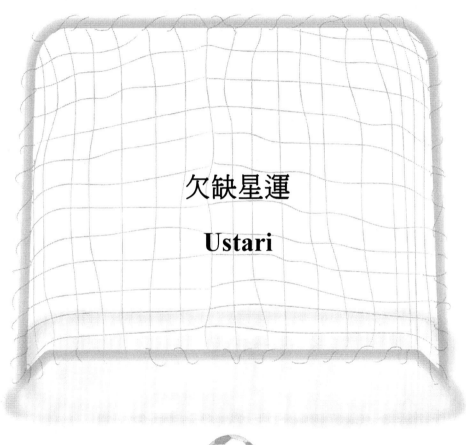

欠缺星運

Ustari

梅西離開巴薩，大家可會憶起當年與球王一起贏得奧運金牌的隊友？翻查資料，當年有分贏得金牌的隊友之中，不乏事業浮浮沉沉，如守門員 Oscar Ustari。

這名 35 歲老將當時是 Sergio Romero 副手，但兩人命運大不同，前者效力西甲赫塔菲長達 5 個賽季，始終鬱鬱不得志，後來重返祖國加盟博卡青年，仍然未獲重用。後來，他試過重返歐洲足壇，可惜沒能為阿爾梅里亞（Almería）和桑德蘭上陣，便再次回到南美洲。

來到紐維爾舊男孩，Ustari 總算一吐烏氣，之後再到墨西哥和烏拉圭聯賽延續球員生涯，去年效力墨西哥勁旅 Pachuca 至今。他比同齡阿根廷門將更早成名，可惜際遇卻不及其他同胞。

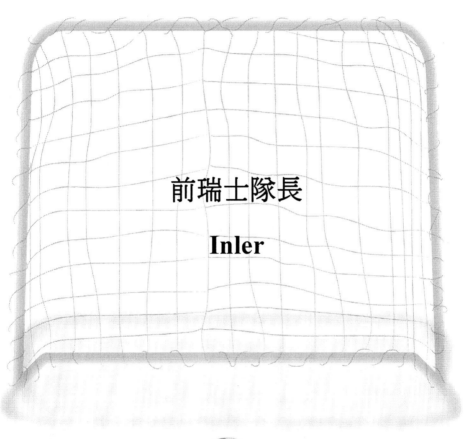

前瑞士隊長

Inler

　　37 歲瑞士中場 Gokhan Inler 代表國家隊 89 場，踢進 7 球，最近帶領 Adana Demirspor 升上土超之後，還沒有續約，球員生涯亮起紅燈。

　　Inler 在義甲烏迪內斯成名，由 2007 年效力至 2011 年，上陣超過 160 場，隨後轉投拿玻里，一度被視為聯賽黑馬，惟始終未能挑戰冠軍寶座。2015／16 賽季，年過 30 的 Inler 嘗試到英超發展，加盟萊斯特城，但只是披甲 5 場，卻有幸成為百年一遇的英超冠軍成員。

　　一個賽季之後，這名土耳其裔球員轉戰土超「尋根」，但沒能在貝西克塔斯站穩陣腳，繼而轉到 İstanbul Başakşehir，2019／20 賽季只是披甲 10 場，唯有降格到次級聯賽球隊 Adana Demirspor。他天生有冠軍命，先後為 4 支球隊贏過聯賽冠軍，包括為兩支不同球隊獲得土超錦標，羨煞旁人。

前桑巴指揮官

Diego

2021 年賽季，佛朗明哥以 1 分之微力壓國際體育會，驚險衛冕巴甲，雖然 Diego 只是上陣 10 場，但也算是冠軍功臣。

巴西有很多 Diego，全名 Diego Ribas da Cunha 的他，是前文達不來梅中場，也是前巴西國腳，擔任攻擊中場，腳法秀麗，傳送致命。今年 35 歲的他，與妻子本來育有兩名男孩，最近弄瓦之喜，雙喜臨門。

他在桑托斯嶄露頭角，2004 年已轉戰波圖，兩年後登陸德甲，成為不來梅中場核心，3 個賽季射入 54 球，一度被視為未來巨星，更在 2009／10 賽季被尤文簽下，轉會費 2700 萬歐元。可惜，他適應不到義甲，尤文戰術也不適合他，很快回到德甲，加入沃夫斯堡，2013／14 賽季事業漸走下坡。

隨後，Diego 到過費內巴切，2016 年回流巴甲，一直效力佛朗明哥，除了聯賽冠軍之外，也贏過南美自由盃。年少成名，年老圓滿，人生如此，夫復何求？

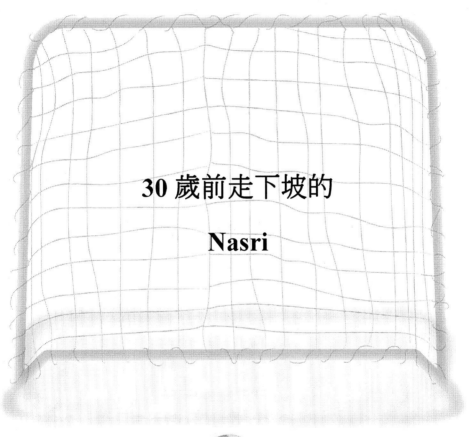

30 歲前走下坡的

Nasri

前法國國腳 Samir Nasri 曾效力阿森納和曼城，卻不懂潔身自愛，未夠 30 歲事業就開始走下坡，2020 年離開比利時的安德萊列赫之後，目前尚未找到新東家，前途未卜。

今年 34 歲的 Nasri 在馬賽成名後，2008 年加盟阿森納，並沒取得任何錦標，2011 年就被曼城簽下，轉眼 6 個賽季，贏過兩次英超冠軍，也算是藍月王朝的開國功臣。2015 / 16 賽季，這名中場狀態大跌，聯賽只曾上陣 12 場，翌季被租借到塞維利亞，未有起色，2017 / 18 賽季轉投土耳其的 Antalyaspor。

2018 年 2 月，Nasri 捲入禁藥風波，被停賽 18 個月，事業盡毀，並在 2019 年冬季重返英超加盟西漢姆聯，嘗試絕地反擊，但已今非昔比，聯賽上陣 5 場後被棄用，同年走到安德萊列赫，上年被解除合約。

Dante

長青中衛

尼斯後衛 Dante 在今年 9 月分，以 37 歲 11 個月零 4 日，成為法甲上陣至少 150 場的最年長球員，打破三十七年前的紀錄。

全名 Dante Bonfim Costa Santos 是巴西人，早在 2004 年登陸歐洲，2009 年加盟德甲慕森加柏，三年後轉投拜仁慕尼黑，並在 2015 年加盟沃夫斯堡。

他在拜仁贏過 3 次德甲冠軍，也是在 2013 年成為歐冠聯和俱樂部世界盃冠軍，並以核心身分刷新德甲最少失球紀錄；同一年，他協助國家隊獲得洲際國家盃，登上事業高峰。

雖然 Dante 被認為粗枝大葉，但勝在作風硬朗，2016 / 17 賽季加盟尼斯至今，並榮升隊長，直至上賽季之前仍是防線主力。當然，這名巴西人的突出髮型，相信是不少球迷的集體回憶。

Jozy Altidore

告別多倫多？

美國前鋒 Jozy Altidore 上一次披甲已是今年 8 月分，上一次進球是 7 月分，很多球迷相信這次受傷之後，也等同提前告別美職 FC 多倫多。

看一看時間，原來他目前才 31 歲，11 月 6 日才屆滿 32 歲。

Altidore 早在 16 歲出道，最初被紐約紅牛在選秀會相中，嶄露頭角，2008 年就有機會挑戰歐洲足壇，加盟西甲的比亞雷亞爾。不過，他在西甲發展未如人意，曾租借到西乙、英超的赫爾城和土超，但總共曾在聯賽踢進 3 球。

2011 / 12 賽季，這名前鋒仍未放棄歐洲夢，轉投荷甲的阿爾克馬爾，重拾射門鞋，兩個賽季踢進 39 球，並獲桑德蘭青睞，轉會費 1300 萬美元。實力？運氣？他為黑貓上陣 52 場，僅進 3 球，數據完全不似前鋒，終在 2015 年落葉歸根，回到美職的 FC 多倫多。

無論如何，Altidore 總算在多倫多證明了自己，上陣 166 場進 76 球，成為 2017 年美職總冠軍功臣，被球迷視為標誌人物。他為美國隊披甲 115 場，攻進 42 球，算不上非常可靠，但個性勤力，應能繼續留在足壇多踢 2、3 年。

你在方何？

Joe Hart

　　前英格蘭第一把交椅 Joe Hart，今年 34 歲，這年紀對門將而言不算太大，但自 2019／20 賽季已離開主流球迷眼線，他今日效力哪一隊？給你 3 秒，3、2、1，答案是蘇超班霸塞爾提克。慶幸的是，他在蘇超終算成為正選門將。

　　Joe Hart 代表國家隊 75 次，效力曼城長達 10 個賽季，贏過兩次英超冠軍，好歹也是開國功臣，惟未夠 30 歲就狀態下滑，2016／17 賽季被租借到義甲都靈，2018／19 賽季正式離隊，加盟班來。

　　雖然只是效力小球隊，但他在之後一個賽季失去主力位置，聯賽未曾上陣，並改投熱刺擔任替補門將。對上兩個賽季，他都沒能在聯賽把關，僅僅上陣13場。這個賽季，他甘願轉戰蘇超，用意是向外界證明，內心那團火仍未熄滅。

造物弄人

Fraizer Campbell

　　這個前鋒曾經效力英超豪門曼聯和熱刺，也代表過英格蘭國家隊，更與 Wayne Rooney 在前線合作過，偏偏職業生涯未曾閃亮已暗淡，2019 年已轉投英冠的哈德斯菲爾德。他的名字叫 Fraizer Campbell。

　　現年 34 歲的 Fraizer Campbell 本身是前曼聯青年軍，2007／08 賽季正式出道，一度獲前主帥弗格森保證「留隊有前途」，但最令人留下印象的，可能是在 Roy Keane 和 Ole Gunnar Solskjær 紀念賽上陣。

　　他合共 3 次被紅魔租借給其他球隊，包括熱刺，2009 年轉投黑貓桑德蘭，惟演出不似預期，四個賽季僅進 10 球，數字比很多後衛更少。2012／13 賽季，他轉投英冠的卡地夫城，狀態稍有起色，並隨隊升回英超，合共上陣 52 場進 16 球。

　　2014／15 賽季加盟水晶宮，也是 Fraizer Campbell 在英超的最後三年，隨後轉戰英冠的赫爾城，直至 2019 年加入哈德斯菲爾德。上賽季，他打進踢球，本賽季上陣 8 場，未有何任進賬。

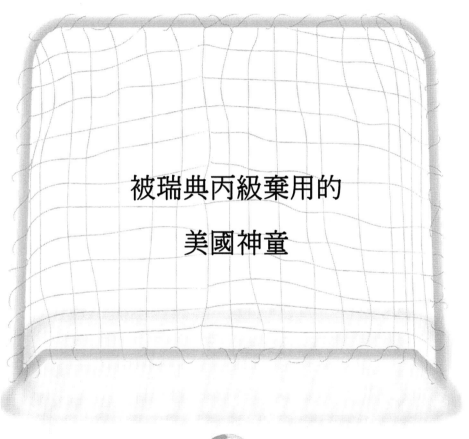

被瑞典丙級棄用的

美國神童

　　美國神童 Freddy Adu 初出道時，被封為「新貝利」，到過曼聯試訓，打破了多項紀錄，更簽下了 Nike 的 100 萬美元贊助合約，被媒體捧上天，但發展不似預期，效力過十五支不同球隊後，最近被瑞典丙級放棄，有可能在 32 歲被迫掛靴。

　　Adu 年僅 14 歲與華盛頓 DC 簽下合約，驚為天人，至今仍保持多項紀錄，包括最年輕的職業足球員、美職最年輕上陣紀錄、美職最年輕進球紀錄等。此子早在 16 歲披上美國國家隊球衣，總共上陣 17 場，2007 年更被葡超本菲卡相中，首次登陸歐洲。一個人太早成名不是好事，他只為本菲卡披甲 11 場，先後 4 次被租借，終在 2011 年重返美職加盟費城聯。

　　Adu 回流後事業未見起色，展開浪人生涯，迄今到過 9 個國家，包括土耳其、塞爾維亞、芬蘭等，2021 年終獲瑞典丙級球隊 Osterlen 收留，但一個月就被終止合約。算不算是唏噓人生？

天生冠軍命

Javi García

有些球員天生冠軍命，其他人想也想不到。

西班牙防守中場 Javi García 出身自皇馬青年軍，即便最終沒能在西甲出頭，但此後到過葡萄牙、英格蘭和俄羅斯都能奪到聯賽錦標，絕對是有冠軍「符體」的福將。

這名 34 歲老將在本菲卡成名後，2012 / 13 賽季轉投英超豪門曼城，轉會費 1600 萬鎊，兩個賽季改投聖彼得堡澤尼特，轉會費仍達 1300 萬鎊。他在前 3 個賽季穩占主力位置，直至 2017 / 18 賽季回到西甲效力皇家貝提斯，直至 2020 年 8 月，免費加盟葡超博維斯塔至今，本賽季在 11 月底披甲 7 場，踢進 1 球，相信也是職業生涯最後一個僱主了。

人生勝利組

Ighalo

奈及利亞前鋒 Odion Ighalo 今年 32 歲，年紀不算特別大，但經歷已經相當豐富，更歸類為人生勝利組。

在挪超嶄露頭角，Ighalo 於 2008 年加盟義甲烏迪內斯，先後 4 次被租借，最終在 2014 年被當時處於英冠的沃爾福特簽下。首個賽季，他上陣 35 場踢進 20 球，表現出色，升上英超後仍能攻進 15 球，但在 2016／17 賽季狀態大跌，遂於 2017 年 1 月以 2000 萬鎊登陸中超。

當時的中超仍在瘋狂燒錢，Ighalo 賺到豐厚的收入，並在兩個賽季踢進 36 球，並在 2019 年被上海申花挖角，不久就遇上內地足壇「鬧錢荒」，亦在 2020 年 1 月租借到英超曼聯。他自願降薪加盟紅魔，一來終圓加盟豪門的夢想，二來也想證明自己的能力。

他為紅魔踢進的第一球，也是個人首個歐洲賽進球，即使最終沒能在英超得分，但也獲得了球迷的掌聲。之後，Ighalo 轉到沙烏地阿拉伯，首個賽季為 Al Shabab 上陣 13 場進 9 球，2021／22 賽季至十一月底，披甲 6 場進 5 球，保持射手觸覺。

神奇小馬尾

Roberto Baggio

　　義大利一代金童，一生充滿悲劇色彩。超級帥哥 Baggio 在佛倫提那成名，1990 年轉投尤文圖斯時引發球迷暴動，為了延續世界盃夢，也曾加盟波隆那和布雷西亞。

　　毫無疑問，最多球迷記得的一幕，會是 1994 年世界盃決賽，他踢飛了十二碼，巴西奪走了獎盃。Baggio 在 2004 年掛靴，今年 54 歲依然散發男人味，始終無意重返足壇執教鞭。

　　其實，他退役前已篤定佛教，視池田大作為師，退役後遠離名利場，看來早已命中注定。今日，恐怕很難在公開場合找他的身影，又或可以欣賞已在 Netflix 上架的紀錄片《Baggio：The Devine Ponytail》，回味傳奇球星的戲劇人生。

英雄 Andy King
別來無恙？

　　由英甲冠軍到英冠冠軍，再到英超冠軍，前萊斯特城中場 Andy King 夢想成真，經歷了完美的童話故事，但球場乃英雄地，「結局」永遠難以皆大歡喜。

　　去年夏天，King 宣布離開萊城，一年後已逐漸被人遺忘，甚至很多人以為他已掛靴。其實，上季他效力比利時頂級聯賽球隊 OH Leuven，但只能上陣 18 分鐘，今年才 32 歲的他，很可能會提早退役。

　　當年，King 被切爾西青訓放棄，轉投身處英冠的萊城預備隊，禍不單行，首個升上一線隊的賽季就隨隊降級英甲。他在英甲被委以重任，重返英冠後依然是主力，曾在 2010／11 賽季以中場身分踢進 16 球，名列全隊最多。

　　然而，萊城獲得英超後，他的位置慢慢被淡化，先後被租借到斯旺西、德比郡、格拉斯哥流浪等，終在去年夏天被送走。

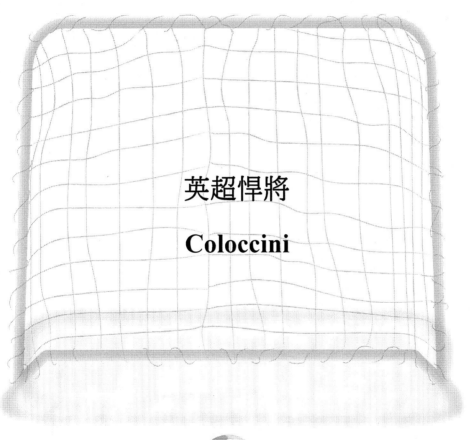

英超悍將

Coloccini

大概沒甚麼會留意到這起轉會消息:「39 歲阿根廷中衛 Fabricio Coloccini 離開聖羅倫索,轉投乙級球隊 Club Atlético Aldosivi。」他將與前國家隊隊友 Fernando Gago 重逢,後者是球隊的教練。

爆炸頭 Coloccini 年少離鄉,1999 年由小保加前往歐洲,首先加盟義甲 AC 米蘭,但期間也是不斷被租借,直至 2004 年改投拉科魯尼亞,總算在西甲找到自己的位置。

2008 年,他以 1000 萬鎊轉投英超紐卡素聯,轉眼就度過了八年光景,共上陣 275 場,期間曾隨隊征戰英冠。直至 2016 / 17 賽季,他選擇落葉歸根,加盟阿甲聖羅倫索(San Lorenzo),惟依然經常受傷,四個賽季平均上陣 10 多場而已,上賽季自由身離隊,但仍未言退,令人佩服。

命運就算顛沛流離

Sturridge

Gareth Southgate 上任英格蘭主帥位置五年，五年轉眼過去，首場比賽的正選之中，剩下來的所餘無幾，就算仍未掛靴，亦無復當勇，如射手 Daniel Sturridge。

「南門」處子秀，當時效力利物浦的 Sturridge 正選登場，下半場被 Jamie Vardy 入替。他曾效力切爾西，並在 2013／14 賽季為紅軍踢進 21 球，刷新職業生涯新高，豈料「新高」之後持續受到傷患困擾，狀態走下坡。

Sturridge 終在 2019 年離隊，自由身加盟土耳其的 Trabzonspor，禍不單行，去年 3 月因違反賭球規定被禁賽 4 個月，31 歲的他至今沒能找到新東家，嗚呼哀哉。

曇花一現

Borini

義大利前鋒 Fabio Borini 是足壇曇花一現的例子，今年才 30 歲，已加盟土超球隊 Fatih Karagümrük S.K.。他出道時司職前鋒，後來改踢翼鋒，之後更擔任過右後衛、中場、防守中場等角色，說明了打工族為了飯碗，有時候也要懂得能屈能伸。

他在博洛尼亞被視為神童，2007 年被切爾西簽下，成為預備隊頭號前鋒，前 11 場踢進 10 球，2009年 9 月 1 日首次進入一線隊名單，20 日首次替補上陣，之後更在聯賽盃首次正選，一切來得很快。

可惜，機會留給了沒準備好的 Borini，他始終沒能進球，之後受傷回到預備隊，直至 2011 年被租借到斯旺西。在斯旺西，他寫下了職業生涯最光輝的一頁，上陣 9 場踢進 6 球，成功帶隊升上英超。奈何，他租借斯旺西時，原來已跟帕爾馬簽下合約，也是人生最錯的一步棋。

輾轉效力羅馬、利物浦、桑德蘭和 AC 米蘭等，Borini 的事業依舊沒有起色，2020 年 1 月轉投弱旅維羅納，同年 12 月簽約 Fatih Karagümrük S.K.。

荷蘭獵人　有情有義

Klaas–Jan Huntelaar

　　剛滿 38 歲的前荷蘭國腳 Klaas–Jan Huntelaar 有情有義，今年 1 月分請纓重返沙爾克 04，冀能帶領前東家逃出降級漩渦，惟最終功虧一簣，季末離隊。這名射手正考慮延期退役日子，兩支荷蘭前東家阿賈克斯和迪加史卓普（De Graafschap）紛紛表示，有興趣提供新合約。

　　外號「獵人」 的 Huntelaar 在 PVS 恩荷芬出道，但未能取得主力位置，2004 年轉投海倫芬（Heerenveen）嶄露頭角，兩年後被荷蘭班霸阿賈克斯羅致，上陣 136 場，踢進 105 球，自然引起歐洲一流豪門青睞。

　　2008／09 賽季，皇家馬德里把他帶走，可惜水土不服，一個賽季轉投 AC 米蘭，同樣未能發揮所長，遂轉戰德甲老牌勁旅沙爾克 04。第一個賽季，Huntelaar 還是沒能重演昔日殺手本色，2011／12 賽季大爆發，各項賽事上陣 48 場，踢進 48 球，榮膺德甲射手王。

　　他效力沙爾克 04 七個賽季，踢進 126 球，2017／18 賽季回巢阿賈克斯，之後一個賽季再拾當年風采，踢進 23 球之多，老馬有火，也許這就是球星和球員的差別。

掏金之王

Paulinho

隨著熱刺「七君子」四散，人們開始尋找他們的足跡，當中最幸福的，應該是巴西中場 Paulinho。Gareth Bale 離隊換來的轉會費，這名巴西中場是其中一個幸運兒，以 1700 萬鎊加盟熱刺。

然而，他在熱刺表現平平無奇，遂在 2016 年以 980 萬鎊轉投廣州恒大，想不到一年後以有幸獲得巴薩收購，轉會費升至 3600 萬鎊。莫名其妙的走，莫名其妙的來，一年後，巴西人再次重返廣州，直至今年夏天，33 歲的他宣布轉戰沙烏地阿拉伯，與 Al–Ahli 簽約 3 年，繼續留在亞洲賺錢，識時務者為俊傑。

他在廣州的稅後年薪達 1400 萬歐元，合共效力 6 年，加上比賽獎金的話，總收入相信超過 1 億歐元，相當厲害。

爆炸頭 Fellaini

不再爆炸

很多人對於比利時中場 Marouane Fellaini，不再保留「爆炸頭」，看得不太順眼；又或者，人們是對他離開曼聯的選擇，看得不太順眼。

1987 年出生的 Fellaini，身高 1 米 94，制空力強，擅長後上攻門，2008 年加盟埃弗頓，馬上成為中場主力，實而不華，六個賽季上陣 177 場，踢進 33 球，最屬害一個賽季是 2012 / 13，當時披甲 31 場聯賽，踢進 11 球。

2013 / 14 賽季，他隨伯樂 Moyes 轉到曼聯，可惜首個賽季表現令人失望，即使之後一年表現略為回勇，但在六個賽季，上陣 177 場，踢進 22 球，最後兩個賽季經常做替補，於是意興闌珊。

2019 年，Fellaini 轉投山東魯能，年過 30 就決心努力賺人民幣，本賽季狀態來到巔峰，前 14 場比賽踢進 9 球，有望爭奪中超射手王的寶座。

失業八個月

Bojan 落「戶」勝利船

　　前巴薩金童 Bojan Krkić 失業超過八個月後，自由身加盟神戶勝利船，與兩名前巴薩球員 Andres Iniesta 和 Thomas Vermaelen 成為隊友，冀在亞洲綻放餘暉。

　　2007 年，Bojan 正式出道，以 17 歲成為當時隊史最年輕上陣球員，一度被視為梅西接班人，並贏過 3 次西甲和 2 次歐冠錦標。可是，他在巴薩的表現每況愈下，2011 年被賣給羅馬，期間被租借給 AC 米蘭，2013／14 賽季重返母會，可惜未有起色。

　　今年 31 歲的 Bojan 曾代表西班牙國家隊一次，2014 年轉投斯托克城，上陣 86 場，射入 14 球，但始終沒能搶到主力位置，2019 年加盟美職 CF 蒙特利爾，2020 年底解約，重返歐洲夢碎，實在可惜。

Alex Song

未來建築界巨匠？

　　喀麥隆悍將 Alex Song 能擔任防守中場或中後衛，年輕時隨家人移居法國，隨後被阿森納簽下，度過了職業生涯最風光的歲月。

　　34 歲的 Song 代表國家隊 49 次，2008／09 賽季成為槍手正選，累積上陣超過 200 場，2012／13 賽季意外被巴薩相中，但兩個賽季後重返英超，以借將身分加盟西漢姆聯，2016 年夏天轉戰俄超，職業生涯隨之走下坡，當年不過 29 歲而已。

　　2018 年 8 月分，他自由身加盟瑞士超的錫永（FC Sion），卻在 2020 年 3 月分成為 9 名因疫情而辭退的球員之一，同年 11 月轉戰吉布地聯賽。

　　今日，他仍未退役，另一身分是建築界商人，主力在祖國興建住宅，也有投資國際學校，甚至有自己的時裝品牌，將來會在國際商場上見到他嗎？等著瞧！

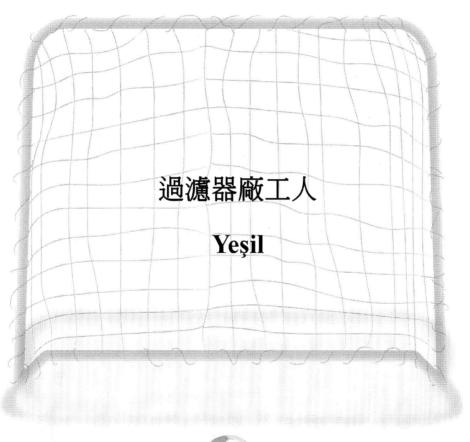

過濾器廠工人

Yeşil

Samed Yeşil 年僅 11 歲加入勒沃庫森青年軍，隨後成為德國小國腳核心，在 U17 歐國盃連續 7 場進球拿到金靴獎，又在 U17 世界盃拿到銀靴獎，一度被譽為「新克洛澤」。

他在 18 歲被利物浦相中，2012 年轉會，第一年在聯賽盃出場兩次，卻在 2013 年 2 月在德國 U19 的熱身賽上右膝十字韌帶斷裂，休戰 8 個月後復出，兩個月後再在訓練上舊傷復發，需要再接受手術。在紅軍最後一年，他被租借到瑞士的琉森，可惜 14 場聯賽，只進 1 球，之後回復自由身，整個夏天也找不到新東家。

Yeşil 在 2016 年 10 月到德丙羅斯托克試訓，一個月後，沒被取錄，終在 2017 年 1 月簽約希臘球隊，但兩個賽季只踢進 4 球，並在 2018 年 8 月自由身加盟德丙球隊 KFC Uerdingen 05。2020 年冬季，他前往土耳其乙級球隊 Ankara Demirspor，但也沒有好結果。

終於，27 歲的他開始為生活奔波，夏天帶家人回國，加盟第 4 級別的半職業球隊 FC Homburg，每周訓練 3 日，正職是空氣過濾器工廠的工人。風光背後，很多職業球員就算有緣與豪門簽約，也沒能保證將來大富大貴。

銀河小豆

Javier Hernández

年屆 33 歲的墨西哥前鋒 Javier Hernández，養傷
11 個月後復出，再次披上美職聯洛杉磯銀河的球衣。

Hernández 外號小豆，年少成名，早在 2010 年
加盟紅魔曼聯，有幸曾跟隨總教練弗格森，首個賽季
就在各項賽事踢進 20 球，但後來狀態下滑，2014 / 15
賽季租借到皇家馬德里。

2015 年夏天，小豆轉投勒沃庫森，首季表現同樣
驚艷，各項賽事披甲 40 場，踢進 26 球，但翌季表現
又再向下，並在 2017 / 18 賽季重返英超，可惜今非昔
比，進球只有單位數。

2020 年，小豆由塞維利亞轉投銀河，首年只有 2
球進賬，本賽季狀態反彈，披甲 14 場，攻進 11 球，
似有回春跡象。

除了當年在曼聯常以替補身分建功之外，小豆為
人津津樂道的一面，相信是多姿多采的生活，尤其是
多名前女友都非常性感貌美，現任太太 Sarah Kohan 是
澳洲模特兒，同樣羨煞旁人。

波蘭字母哥回歸
母會「付費」作賽
Blaszczykowski

做人有時候真是可以不談金錢只談感情。

前波蘭著名國腳 Jakub Blaszczykowski，曾在多特蒙德效力 9 年，度過了職業生涯的黃金歲月，到了黃昏之年，決定落葉歸根，再為母會上陣，更願意「付費」作賽。

這名翼鋒曾代表國家隊 108 場，射入 21 球，拿過兩次德甲冠軍，亦打破了 Robert Lewandowski 壟斷，合共兩次榮膺波蘭足球先生，地位可見一斑。

2019 年，Blaszczykowski 在 33 歲重返成名地 Wisła Kraków，既答應不會收取酬勞，也拿出 30 萬歐元為球隊支付欠薪，並成為聯合老闆之一，重情重義，本賽季仍在征戰沙場。

當人們再問梅西為何不免費為巴薩上陣時，應該拿波蘭字母哥作為例子，看看他會如何作答。

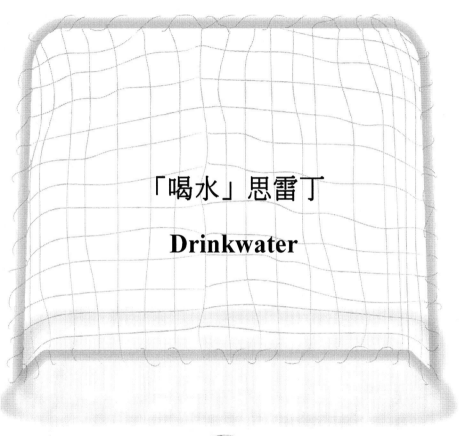

「喝水」思雷丁

Drinkwater

　　英冠雷丁以 3：2 險勝斯旺西，出現了兩個久違了的名字，一個是前利物浦中鋒 Andy Carroll，另一個是「喝水哥」Danny Drinkwater。今年 31 歲的 Drinkwater 目前仍屬於切爾西，本賽季第 4 次被租借，轉投雷丁後已上陣 11 場，可說是中場主力。

　　來自曼聯青訓的「喝水哥」，未曾為一線隊披甲，就在 2012 年轉投萊斯特城，經歷了 3 個英冠賽季後，隨隊升上英超，並成為 2016 年英超冠軍骨幹，同年首次入選英格蘭國家隊，大器晚成。

　　他是跑動型的工兵中場，2017／18 賽季以 3500 萬鎊轉投藍軍，首個賽季只在聯賽上陣 12 場，便要展開「人球」生涯，可惜之前 3 次都沒能重拾狀態。

　　2019 年 9 月，「喝水哥」借到班來時，在夜店被 6 人襲擊，導致受傷 3 星期，職業生涯進一步受挫，而上賽季更遠走土超 Kasımpaşa，且看本賽季能否在英冠翻身？

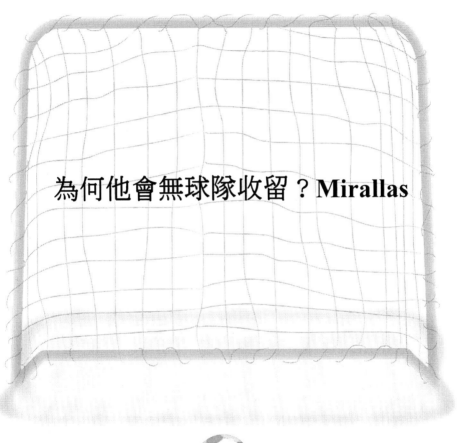

為何他會無球隊收留？Mirallas

今年才 34 歲的 Kevin Mirallas，曾經代表比利時披甲 60 場進 10 球，上賽季仍能踢進 7 球，交出 6 次助攻，奇怪的是，自 2021 年 7 月分回復自由身，Mirallas 居然仍未找到新東家。

里爾出身的 Mirallas，之後在希臘班霸奧林匹亞科斯起飛，2011 / 12 賽季轟入 20 球，當選年度最佳球員，因而引起英超埃弗頓注意。他最風光日子都在太妃糖度過，由 2012 至 2019 年總共披甲 186 場，踢進 38 球，也是非常好用的翼鋒，實而不華。

2019 年，他自由身回國加盟 Royal Antwerp，為球隊拿到盃賽錦標，之後加盟土超的 Gaziantep，上賽季表現不俗，卻沒能找到新東家，實是一大謎題。

紋身帥哥

Daniel Agger

今年 5 月，利物浦作客曼聯大勝 4：2，但原來對上一次作客奧脫福報捷，要追溯到 7 年前的 3 月，當時紅軍淨勝 3：0，當日陣中的神奇隊長 Steven Gerrard 今日成為格拉斯哥流浪全賽季不敗的總教練，翼鋒 Raheem Sterling 轉投曼城後幾乎每個賽季都捧盃。大家還記得丹麥中衛 Daniel Agger 嗎？

這名紋身帥哥雖然經常受傷，但每次上場都表現稱職，尤其與 Skrtel 扼守中路最為出色，更在身上紋了紅軍金句 YNWA，以表忠心。他在球員時代過度服用止痛丸，身體吃不消，早在 31 歲掛靴，最後兩個賽季回到祖國效力邦比。Agger 退役後全身而退，經營紋身店、酒吧和投資公司，更有趣的是，他也是下水道公司的主席，相信會在商界大展拳腳。

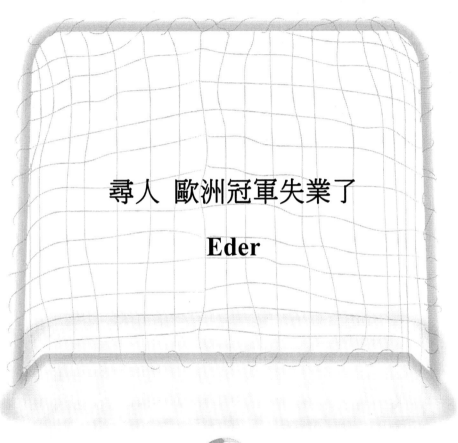

尋人 歐洲冠軍失業了

Eder

　　只見新人笑，不見舊人哭，人們不會忘記葡萄牙
是上屆歐國盃盟主，但未必記得起決賽奠定勝局的功
臣。他叫 Ederzito António Macedo Lopes，人稱 Eder，
決賽圈前宣布進入了失業狀態。

　　上屆決賽，葡萄牙小勝法國捧盃，外號「醜小鴨」
的 Eder 一箭定江山，成為冠軍英雄之一，惟今年 33
歲，夏天約滿俄超莫斯科火車頭後，目前還未找到新
東家。「是的，我現在是自由身，等待新的合約，但在
歐國盃期間，我仍會為國家隊打氣。」他說。

　　上屆 Eder 就撰寫了「草根逆襲」的童話，決賽圈
前在斯旺西沒能進球，被借租到法甲里爾，也只是進
6 球而已。後來，他又被里爾租借到莫斯科火車頭，4
個賽季只進 13 球，這個賽季更是顆粒無收，狀態慘不
忍睹，面臨無球可踢的困境。

　　有些人把一輩子的運氣集中在一個點，有幸福，
也有潦倒。

熱刺快馬

Lennon

同人不同命，34 歲的義大利國腳 Leonardo Bonucci 在歐國盃一夫當關，但 34 歲前英格蘭國腳 Aaron Lennon 卻被 Kayserispor 終止合約！

出自里茲聯青訓的 Lennon，身高 1 米 65，速度奇高，盤扭力佳，2005 年就轉投熱刺，成為邊路強大武器，累計上陣 364 場，踢進 30 球。

2014 / 15 賽季，他被邊緣化，遂租借給埃弗頓，逐漸找回信心，也被買斷。可惜，這名英格蘭翼鋒的速度無復當年，年事漸高，也缺乏其他變化，2017 / 18 賽季只能委身弱旅班來，3 個賽季加起上只是上陣 55 場，踢進 1 球，很快被球迷遺忘。

上個賽季，他在土耳其發展也太不順心，披甲 36 場，居然沒能進球，難怪會被終止合約，今後何去何從？

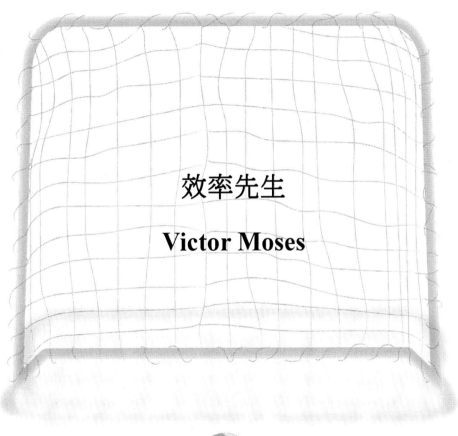

效率先生

Victor Moses

　　前奈及利亞國腳 Victor Moses 落實離開切爾西，正式加盟俄超莫斯科斯巴達，簽約兩年。甚麼？他不是一早離開藍軍了嗎？不。

　　邊路效率先生 Victor Moses 今年 30 歲，主要擔任翼鋒，有時會出任翼衛，其實效力藍軍長達 9 年，但除了首個賽季 2012 / 13 之外，他主要有貢獻的賽季就是 2016 / 17 及 2017 / 18。

　　他的冠軍命不錯，拿過 2016 / 17 賽季英超錦標，也是 2017 / 18 賽季足總盃冠軍，更在 2012 / 13 及 2018 / 19 賽季獲得歐聯盃。

　　Victor Moses 由維根改投藍軍後，9 年來上陣 128 場，先後租借給利物浦、西漢姆聯、國際米蘭等，故人們往往誤以為他早已離隊。上賽季，他借給莫斯科斯巴達，上陣 20 場踢進 4 球，總算穩定下來，本賽季獲得買斷，期望能在俄羅斯釋放最後餘溫。

西甲惡漢

Banega

　　南美勁旅阿根廷過去二十年，贏過兩次奧運金牌，也是梅西在今年美洲盃封王前，拿到唯一一個國際賽冠軍。當年與梅西的隊友，今日身在何方？

　　Sergio Aguero 和 Angel Di Maria 名成利就，超齡兵 Juan Roman Riquelme 與 Javier Mascherano 現在也是名宿，而防守中場 Ever Banega 就慢慢進化為西甲惡漢，代表大國腳 65 次，踢進 6 球。

　　入選阿根廷奧運隊時，他剛剛加盟瓦倫西亞，並在這兒開始為人熟悉，踢法勇悍，經常撩事鬥非。轉眼六年，他在 2014 年轉投塞維利亞，拿到 3 次歐聯盃冠軍，也到過國際米蘭發展，短短一個賽季重返塞維利亞，直至 2020 年轉到沙烏地阿拉伯淘金，目前仍效力 Al–Shabab。

機動螞蟻

Giovinco

當我們看見義大利成為歐洲王者時，可會想起生不逢時的前國腳 Sebastian Giovinco？今年 34 歲的他與 Leonardo Bonucci 同年出生，但不知不覺離開主流聯賽六年，有可能在本賽季掛靴。

身高 160 的「機動螞蟻」來自尤文圖斯青年軍，腳法雖好，但身材欠佳，出道之後總是鬱鬱不得志，終在 2015 年轉戰美職聯，加盟 FC 多倫多。

Giovinco 找到自己發光發熱的舞台，同一年成為美職聯 MVP 和射手王，技驚四座，合共上陣 142 場，踢進 83 球，一度獲得國家隊重召，奈何 FC 多倫多人腳平平，始終沒能贏得總冠軍。

2019 年，他趁黃昏階段轉到沙烏地阿拉伯（Al Hilal）掏金，但似乎水土不服，進球數字大減，本賽季披甲 21 場，僅進 1 球而已。

Mandzukic

血仍未冷

　　年屆 35 歲的克羅埃西亞中鋒 Mario Mandzukic，上賽季末與 AC 米蘭和平分手後，仍在尋找下一個東家，一度傳出加盟巴薩觸礁，究竟會不會退役？當然，他並不孤單，截至 9 月 1 日，Franck Ribéry、David Luiz、Javier Pastore、Shkodran Mustafi、Daniel Sturridge 和 Jack Wilshere，同樣沒能簽下職業合約。

　　空中霸王 Mandzukic 在沃夫斯堡成名，2012 年改投拜仁慕尼黑，兩年後簽約馬競，再在 2015 年成為尤文球員，隨後落戶卡達聯賽，曾獲克羅埃西亞、德國、義大利和卡達聯賽冠軍，戰績彪炳。

　　Mandzukic 代表國家隊 89 次，也是兩屆克羅埃西亞足球先生，只有他和 Ivan Rakitić(2015)能夠打破 Luka Modrić 的壟斷，球技可見一斑。2017 年歐冠決賽，他踢進倒掛金鉤，技驚四座，當選那個賽季的最佳進球。

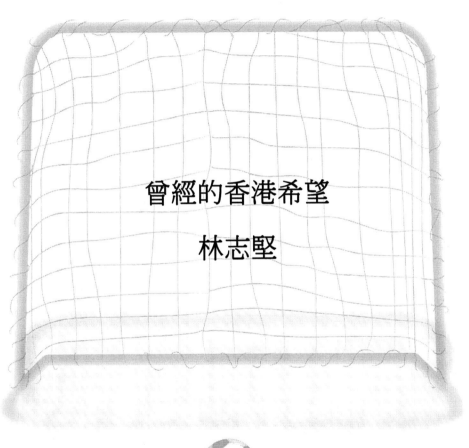

曾經的香港希望

林志堅

　　林志堅曾經是香港人的希望，也曾經同孫興慜做過隊友，但 30 歲的他現在回到德國，居然只能效力低級別球隊 TuS Dassendorf。

　　他在漢堡東部小鎮出生，14 歲加入漢堡青年軍，20 歲升上一線隊，更在第 2 場德甲交出助攻，第 14 場德甲踢進首球，滿以為就此踏上青雲路，並受到香港足壇虎視眈眈。可是，同人不同命，他在 2014 年夏天轉戰德乙，轉會費僅 20 萬歐元。

　　2016 年夏天，林志堅回到父親出生地香港，加盟班霸傑志，與林柱機、林恩許和林嘉緯組成「林氏四傑」，成為足壇熱話，亦在這兒獲得職業生涯首個冠軍，後來更成為「三冠王」功臣。

　　林志堅入選過德國小國腳，但未有機會上陣，加上傷患困擾不斷，始終未能更上一層樓，並轉投仍在港超的廣州富力。他曾經拒絕代表港隊，後來知道再無機會成為德國國腳後，又多次開腔表示願意披上香港戰衣，但幾年來卻是只聞樓梯響。

前德國金童

Mario Götze

「我拒絕了幾支豪門的邀請。」不知不覺，前德國金童 Mario Götze 原來已在荷甲 PSV 恩荷豪芬度過了一個完整賽季，今年夏天更續約至 2024 年。

才 29 歲的 Götze 早在 2009 / 10 賽季出道，翌季已經成為多特蒙德主力，披甲 41 場，踢進 8 球。2013 / 14 賽季，一如其他德國球星投身德甲龍頭拜仁慕尼黑，首個賽季表現可圈可點，上陣 45 場踢進 15 球，但在 2015 / 16 賽季狀態下滑，之後重返蜜蜂軍團。隨後，這名攻擊中場始終未能回到高峰，更在上個賽季意外地登陸荷甲。

Götze 的代表作，當然是 2014 年世界盃，決賽對阿根廷時替補進場，一箭定江山，領軍贏得世界盃，更以 22 歲之齡當選決賽最佳球員，迄今代表國家隊 63 場，攻進 17 球，現在的目標當然是重返國際賽舞台。

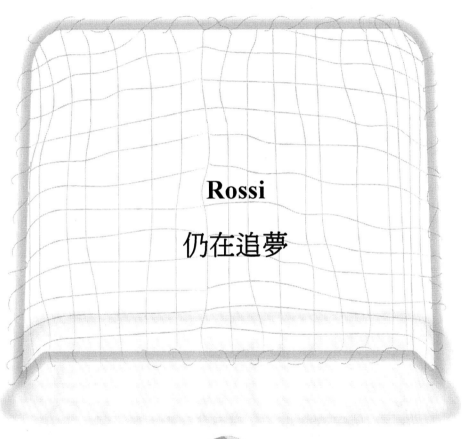

Rossi

仍在追夢

前義大利國腳 Giuseppe Rossi 將在 2 月分年滿 35 歲，本年 1 月離開美職皇家鹽湖城後，一直收不到新老闆，近日跟隨義乙 SPAL 訓練，期望在生日前獲得職業合約。

Rossi 出道前就被曼聯簽下，並在英超處子秀踢進一球，豈料，這也是他為曼聯踢進的唯一英超進球。畢竟，當時曼聯鋒線人才濟濟，小伙子兩次被租借，直至 2007／08 賽季轉投比亞雷亞爾，前幾年發展不俗，更在 2011／12 賽季，攻進 32 球之多。

可是，Rossi 一輩子慘被傷患影響，每次以為見到美麗的風景，上天就會吹大風、下大雨，終在 2013 年 1 月回流義甲，加盟紫百合佛倫提那。那 5 年，他只有一個賽季能夠「正常地」比賽，便在聯賽上陣 21 場，踢進 16 球，效率奇高，期間兩次被借回西甲。

2017／18 賽季，Rossi 加盟熱拿亞，表現仍沒起色，2020 年回老家（他在美國出生）轉投鹽湖城，留下了 7 場進 1 球的成績單。人生如此，他是 2008 年奧運射手王，一度被寄予厚望，但十多年過去，只能感嘆「時也命也」！

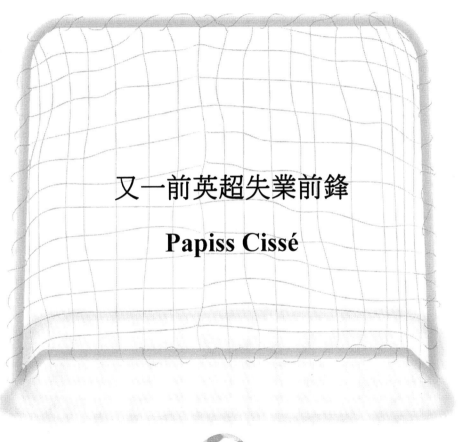

又一前英超失業前鋒

Papiss Cissé

　　近幾年，土超最喜歡羅致前英超球員，Papiss Cissé
是其中之一，但上賽季末離開費內巴切後，目前沒能
找到新東家，很可能會在 36 歲高掛球靴。

　　塞內加爾前鋒 Papiss Cissé 在法甲成名，2019 / 10
賽季加盟德甲的費萊堡，第二個賽季上陣 32 場，踢進
22 球，創下職業生涯新高，2011 / 12 賽季冬天轉投英
超紐卡索聯。

　　首個賽季，此子一鳴驚人，上陣 14 場，轟入 13
球之多，但之後一個賽季便「打回原形」，僅進 8 球，
隨後更跌至 2 個進球。2014 / 15 賽季表現反彈，他在
22 場聯賽攻進 11 球。

　　2016 年，他決定前往中國山東魯能賺取人民幣，
但 3 個賽季下來，只能上陣 31 場，踢進 16 球，並在
2018 / 19 賽季登陸土超，成為 Alanyaspor 的前鋒。想
不到的是，他在土超披甲 58 場，攻進 38 球之多，上
賽季更被費內巴切簽下，但已不復當年勇，只有 4 場
進 1 球的成績單。

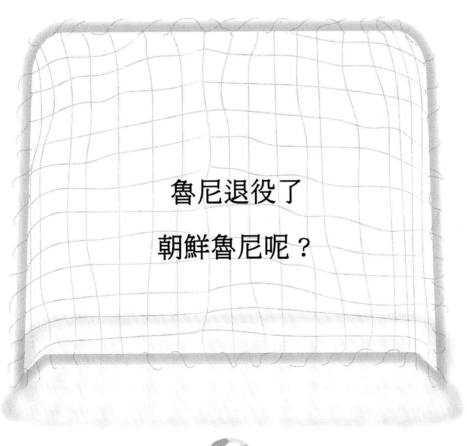

鲁尼退役了

朝鲜鲁尼呢？

英格蘭前鋒魯尼已經退役，但外號「朝鮮魯尼」的鄭大世，今年 37 歲仍在馳騁球場，今年身在日乙的町田澤維亞，並以升級為目標。

擔任前鋒的鄭大世打法硬朗，勤於走動，曾外流德國聯賽，先後效力波鴻和科隆，2010 年代表國家隊出戰世界盃而為人認識，但一年後已退出國際賽，留下了 33 場進 15 球的紀錄。

2013 年，他回流亞洲，轉戰韓國聯賽，2015 年改投清水心跳，曾在日乙上陣 37 場，踢進 26 球，並成為射手王，但自 2018 年起狀態走下坡，去年被租借出去，今年穿上町田澤維亞的球衣，本賽季只攻進 3 球。

「朝鮮魯尼」早前接受訪問時承認，一直有投資習慣，但早前曾被騙去 300 萬日元，直至近年才開始懂得投資之道，而且每年為自己購買的保險費就達到 1500 萬日元。

大巴黎易主後的最後一人

Mamadou Sakho

法甲豪門巴黎聖日爾曼今日的陣容星光閃閃，梅西加盟後組成三巨頭，可媲美世界明星隊...那麼，大家仍記得卡達大財主入主後，首場比賽的正選陣容嗎？原來，當日球隊有防守中場 Claude Makelele、翼鋒 Ludovic Giuly 和門將 Gregory Coupet，悉數已經退役，除了 Mamadou Sakho。

前法國國腳 Mamadou Sakho 來自塞內加爾移民家庭，自小加入大巴黎青訓，披甲超過 200 場，2003 年轉投利物浦，作風硬朗，不折不扣的拚命三朗，隨後租借給水晶宮，2017 / 18 賽季被買斷，轉會費 2400 萬鎊。很多球迷喜歡他，可惜經常受傷，2020 / 21 賽季上陣 4 場，本賽季回流法甲，加盟蒙坡利埃，有望重新開始。

這名中衛一直是法國小國腳，早在 2010 年晉身國家隊成年隊，至今披甲 29 場，光陰似箭，今年才 31 歲而已。

惡人回鄉尋根

Diego Costa

　　33 歲前西班牙國腳 Diego Costa 祖籍巴西，職業生涯卻從未效力過巴西球隊，直至 2021 年 8 月自由身加盟米羅內競技，才首次穿上巴甲球隊的戰衣。

　　這名大器晚成的前鋒在葡萄牙出道，輾轉到 2010 年加盟馬競，期間曾租借到巴列卡諾，直至 2013／14 賽季成名，那賽季踢進 27 球，榮膺西甲射手王，更助球隊贏得聯賽冠軍。隨後，DC 轉投英超勁旅切爾西，首個 3 個賽季保持高效率，拿過英超冠軍，攻進 52 球，之後與總教練 Conte 關係破裂，終在 2018 年 1 月回歸成名地。

　　奈何，DC 狀態大不如前，加上經常受傷，4 個賽季均只有個位數進球，並在 2020 年 12 月解約，半年多後簽約米羅內競技，與前中超射手 Hulk 合組箭頭。這名足壇惡人紀律不佳，場上甚多小動作，也擅長撩起後衛的怒火，但求勝心就不用懷疑。

　　雖然步進了夕陽之年，但他射術猶在，早前對哥林多人就命中 30 碼遠程炮，迄至 11 月底披甲 12 場，踢進 4 球，交出 1 個助攻。

上了財經版的

Kieran Gibbs

前阿森納左後衛 Kieran Gibbs，之前上了財經新聞，因為他計劃把一半薪水換為比特幣，看好加密貨幣的未來前景。

32 歲的他代表過英格蘭 10 次，今日已離開英國，效力貝克漢旗下的美職球隊國際邁阿密。

Gibbs 出身自槍手青年軍，2008／09 賽季嶄露頭角，2012／13 賽季首次擔任主力，但好景不常，2015／16 賽季已淪為替補，2017／18 賽季轉投西布朗，高光時刻是在之後一個賽季，上陣 36 場，踢進 4 個進球。

可是，他給球迷留下的亮點，卻是 2014 年 3 月對切爾西時，隊友張伯倫犯手球，裁判卻把這名左後衛驅逐離場，慘成抹不去的笑話。

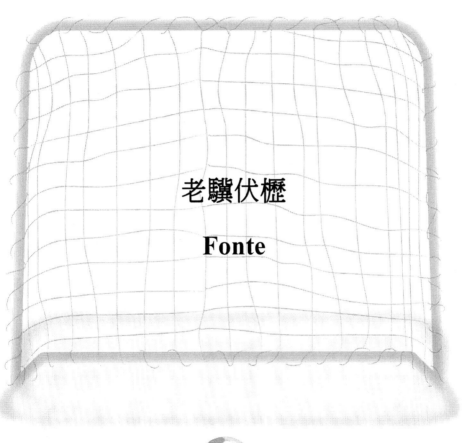

老驥伏櫪

Fonte

2016 年歐國盃，葡萄牙以黑馬姿態奪得國家史上首個大賽錦標，一些國腳因而獲得向上流的機會，一柱擎天的中衛 José Fonte 卻反其道而行，成名後留在英超球隊南開普敦。

大器晚成的 Fonte 初到英格蘭足壇時，只能英冠落班，並隨「聖徒」打了 3 個賽季英甲和英冠，2012 ／13 賽季協助球隊重返英超。

當屆歐國盃，他是防線主力，與惡漢 Pepe 扼守中路，決賽圈後拒絕豪門邀約，答應留隊至 1 月，直至球隊找到代替品，1 月分才以 800 萬鎊加盟西漢姆聯，當時已屆 33 歲。

離開英超後，Fonte 到過中國賺人民幣，數月後水土不服，解約加盟里爾。人人以為這名中衛只是重返歐洲享福，豈料老馬有火，本賽季以隊長身分率領球隊爆冷贏得法甲冠軍，37 歲打了 36 場，佩服佩服！

壞孩子

Mario Balotelli

　　國際米蘭相隔十一年後再登義甲王位，撫今追昔，十一年前賽季最後一場聯賽的陣容內，究竟有多少留在足壇呢？答案是兩個，一個巴西右後衛 Maicon，另一個是義大利壞孩子 Balotelli。

　　前鋒巴神年少成名，偶有神來之筆，未夠 20 歲就成為聯賽冠軍，上陣 26 場踢進 9 球，一度被視為未來巨星，隨後更轉投英超勁旅曼城，效力 3 個賽季，內衣寫上「為何總是我」的一幕，至今為人回味無窮。

　　可惜，巴神沒能達到公眾期望，離開曼城後漸走下坡，為利物浦上陣 16 場僅進 1 球，輾轉到過 AC 米蘭、尼斯、馬賽和布雷西亞。去年，他差點沒球隊收留，最終加入義乙的蒙沙，上陣 10 場，踢進 4 球，其實今年才 30 歲，或者有機會重拾人生第二個春天。

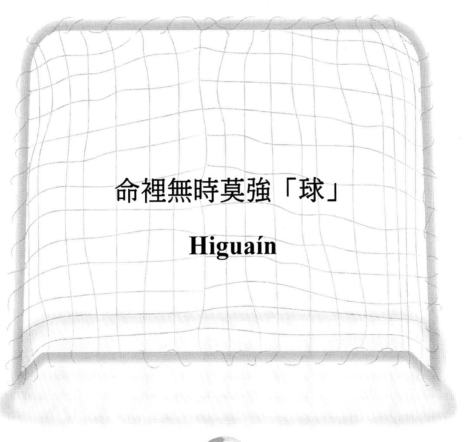

命裡無時莫強「球」

Higuaín

去年，當阿根廷前鋒 Gonzalo Higuaín 宣布離開歐洲，轉投美職聯國際邁阿密時，部分球迷大感愕然，畢竟當時仍是 32 歲，與尤文的合約尚未結束。

Higuaín 在河床出道，2007 年已加盟皇家馬德里，六年間踢進超過 100 球，贏過 3 次西甲冠軍，後來轉投拿玻里繼續成為當家前鋒，2015 / 16 賽季的進球數字（36 球）比上陣場數（35 場）還要多。

尤文出手收購，他在首個賽季各項賽事踢進 32 球，但之後兩季狀態明顯下滑，分別為 23 球和 11 球，期間曾租借到 AC 米蘭和切爾西，信心未有回升。

Higuaín 天生好命，卻給人大賽腳軟的印象，並坦言美職聯的水平與比想像中高很多，「起初以為在場上端著一支煙仍能進球，但原因不是這回事。」

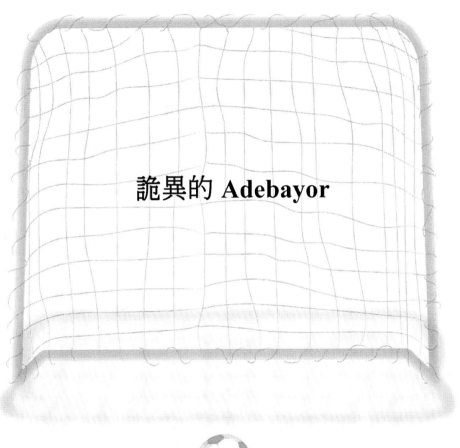

詭異的 Adebayor

多哥中鋒 Emmanuel Adebayor 今年 37 歲，但年少成名，2005 / 06 賽季由摩納哥轉投阿森納，高峰是 2007 / 08 賽季踢進 30 球，隨後轉投曼城，但沒能打上一層樓。

在曼城，他先後被租借到皇馬和熱刺，2012 / 13 賽季被後者買斷，但也是曇花一現，2015 / 16 賽季被水晶宮羅致。Adebayor 事業每況愈下，翌季轉到土耳其聯賽，2019 / 20 賽季離開 Kayserispor，去年意外地加盟巴拉圭球隊奧林比亞。

經過生死一線的恐襲，他沒能珍惜當下，踢法與性格一樣奇怪，哪怕每月人工達 20 萬美元，仍與奧林比亞鬧不快而離隊，目前被追討賠償。他目前沒有掛靴，但在 7 月 13 日就回國擔任財政公民大使，宣傳準時交稅的重要。

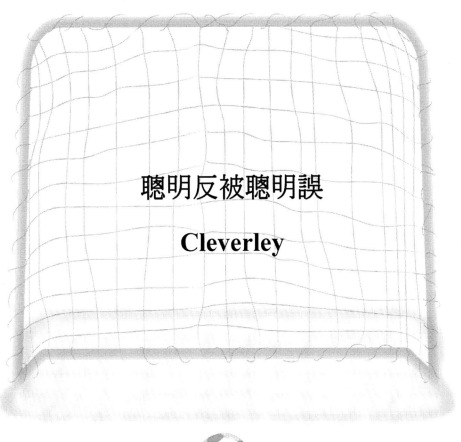

聰明反被聰明誤

Cleverley

十年人事幾番新，西班牙門將 David de Gea 加盟曼聯已經 10 年，回首一看當年正選，只剩下一個人仍然在陣。想一想 10 年前正選，現役球員所餘不多，如「聰明仔」Tom Cleverley。

英格蘭中場 Cleverley 在季前賽表現搶眼，因而獲得時任主帥弗格森注意，並在 2011 年社區盾首次披甲。他總共為紅魔上陣 79 場，深受 David Moyes 器重。一朝天子一朝臣，「聰明仔」技術特點不足，狀態飄忽，終在 2015 / 16 賽季加盟埃弗頓，事業沒有起色，再改投屈福特。

上賽季，31 歲的 Cleverley 在英冠上陣 34 場，帶領「大黃蜂」回歸英超，下賽季能夠一吐烏氣嗎？

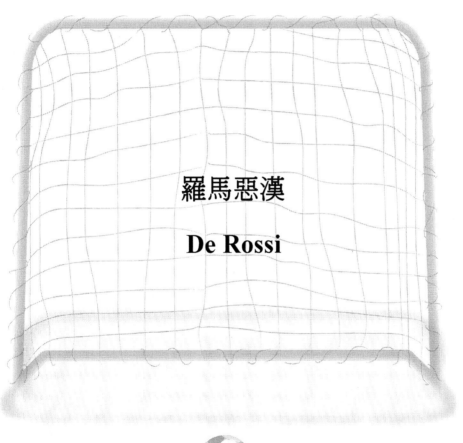

羅馬惡漢

De Rossi

　　義大利是繼 2012 年之後，再次躋身歐國盃決賽，
當年功臣大都退下來，防守中場 Daniele De Rossi 目
前更是國家隊教練團成員之一。

　　37 歲的 De Rossi 代表國家隊 117 次，也是 2006
年世界盃冠軍功臣，本為羅馬青訓，效力長達十八年
之久，累計披甲超過 610 場，忠心耿耿。

　　退役前一個賽季，即 2019 / 20 賽季，這名悍將意
外地轉投阿甲，加盟當地班霸博卡青年，可惜年紀已
高，身體不由自己，僅能上陣 7 場，隨後高掛球靴。

　　De Rossi 是兩代義甲球迷的集體回憶，美中不足
的是，退役前沒能拿到聯賽冠軍。

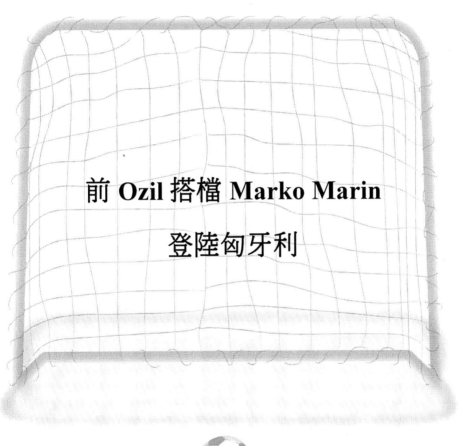

前 Ozil 搭檔 Marko Marin

登陸匈牙利

夏季轉會窗關閉超過兩星期，32 歲德國中場 Marko Marin 終找到新東家，那就是匈牙利勁旅費倫斯華路士（Ferencvárosi TC）。

生於前南斯拉夫的 Marin，2009 年由慕森加柏轉投文達不來梅，在中場線與 Ozil 組成搭檔而揚名立萬，2012 年被切爾西簽下，惟表現不似預期，先後 4 次被借出，僅在英超披甲 6 場，終在 2016 年悄悄加盟希臘的奧林匹亞科斯（Olympiacos）。

其實，他曾代表德國國家隊 16 次，慕森加柏嶄露頭角後被視為明日之星，上陣 71 場交出 27 個助攻，踢進 12 球，之後在不來梅更有 35 個助攻和 13 球的數據，惟「誤入歧途」，錯誤加盟切爾西，導致抱憾終生。他在希臘度過兩個賽季，先後走到塞爾維亞和沙烏地阿拉伯聯賽。悲慘的是，他在沙烏地阿拉伯聯賽兩個賽季，只是上陣 17 場，踢進 1 球。

Mannone

一場歡喜一場空

　　義大利守門員 Vito Mannone 出身自亞特蘭大青訓，2006 年被阿森納挖角，成為溫格「幼稚園時代」的成員之一，可惜效力 7 年時間，三度租借出去，最終沒能爭取到一線隊的位置。

　　這名前義大利 U21 代表在槍手上陣 15 場，2013 年轉投黑貓桑德蘭，也是人生最風光的日子，首個賽季就擔任正選，4 年加起來上陣 80 場，直至 2017／18 賽季轉投英冠的雷丁。那一季，他依然一號門將，更當選球隊年度最佳球員，但之後就淪為替補，一度轉投美職明尼蘇達聯隊，榮膺 2019 年美職最佳門將。他沒能長留美職聯，之後加盟丹麥超的 Esbjerg fB。

　　這名 33 歲老將在上個賽季轉投法甲的摩納哥，出場 9 次，惟還是擺脫不了替補角色，本賽季未有上陣紀錄。Mannone 曾經被視為超新星，奈何際遇欠佳，一生之中，連代表國家隊大國腳的機會也沒有。

大十字 Großkreutz

自毀前程

　　贏過兩次德甲冠軍的大十字 Kevin Großkreutz，
2014 年隨德國隊贏得世界盃時，只不過是 26 歲，以
為前途一片光明，但在短短不夠兩年，結局是極速流
淪，然後「消失風雨中」。

　　Großkreutz 在多特蒙德成名，能擔任多個不同位
置，2015 年轉投土超加拉塔薩雷時因轉會文件有誤，
一直沒能上陣，之後回到德乙加盟斯圖加特。他未能
接受打擊，因在紅燈區鬧事而被解約，隨後加盟達姆
斯塔特，表現每況愈下，一個賽季後降格德丙。2020
年 10 月，他被德丙球隊解約，2021 年 1 月宣布退役，
但最終就復出加盟第六級別業餘球隊 TuS
Bövinghausen，與前德國國腳 David Odonkor 成為隊
友。

　　在 Bövinghausen，大十字成為大明星，首場比賽
就吸引到 1300 多人觀戰，比平常的比賽多出數百人，
現場球迷更首次見到有警員、警車在場邊駐守，非常
大陣仗。

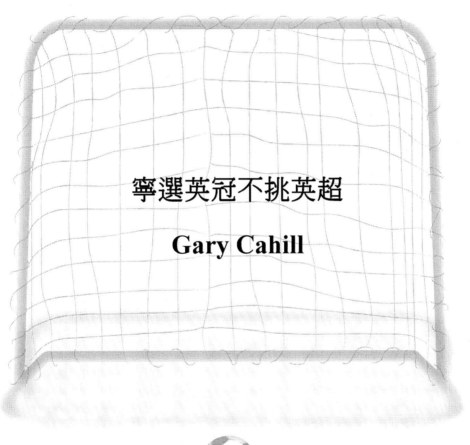

寧選英冠不挑英超

Gary Cahill

人各有志，前英格蘭國腳 Gary Cahill 今年夏天離開水晶宮，轉戰英冠的伯恩茅斯，談到為何不選擇留在英超時表示：「的確有英超球隊恰談，但總教練 Scott Parker 的是我加盟的原因。」

35 歲中衛 Cahill 在阿斯頓維拉出道，2008 年轉投當時還在英超的博爾頓，很快成為防線主力，表現一夫當關，除了頭球出色之外，簡單直接的解圍方法也是主帥們喜歡他的主因。2011 / 12 賽季，他被豪門切爾西相中，轉眼打了八個賽季，合共上陣 290 場，踢進 25 球。

Cahill 在藍軍拿過兩次英超冠軍，也是歐冠和歐洲聯賽的冠軍功臣，直至 2019 年夏天自由身加盟水晶宮。他代表英格蘭國家隊 61 次，踢進 5 球，2018 年主動退出國際賽。

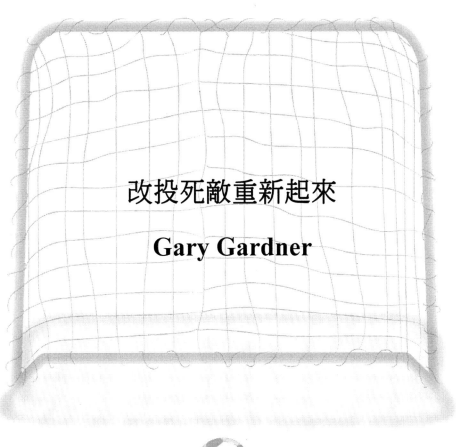

改投死敵重新起來

Gary Gardner

　　前英格蘭 U21 代表 Gary Gardner，與哥哥 Craig 同樣出身自阿斯頓維拉青訓，巧合地，後來同樣轉投德比死敵伯明翰。2011 年夏天，他曾來港參加季前賽對切爾西，總算在香港球迷記憶中留下了印象。

　　擔任中場的 Gary Gardner 出道前，就遇上十字韌帶受傷，復出後成為維拉 U18 主將，2011 年首次為一線隊披甲。可是，他一直沒能在維拉獲得正選，合共 7 次被租借，包括 2018／19 賽季借到伯明翰，亦是這一次出走而獲得後者賞識。

　　Gary Gardner 合共為維拉出場 46 次，2019 年夏天正式加盟伯明翰，對上兩個賽季在英冠分別上陣 35 場和 37 場，總算獲得人生第二春，本賽季仍然站穩主力位置。

最重要是找到賞識你的人

Brad Guzan

美國守門員 Brad Guzan 今年 37 歲，代表國家隊 64 次，雖然成就難跟其他同胞相提並論，但也算是實力不弱的把關人。

Guzan 在美國起瓦士出身，2008 年加盟英超阿斯頓維拉，前 4 個賽季都被投閒置散，直至 2012／13 賽季熬出頭來，也職業生涯轉捩點。2012 年 5 月，他是 3 名被棄用的球員，兩個月後獲新主帥 Paul Lambert 簽回。

此後，Guzan 就榮升維拉一號門將，先後成為聯賽盃和足總盃亞軍，總共披甲 171 場，直至 2016／17 賽季轉投米德斯堡。畢竟當時年紀大了，他沒能在英超取得正選，2017 年回流加盟阿特蘭大，並成為 2018 年總冠軍功臣，相當威風。

他是虔誠基督徒，也說過事業陷入低潮，宗教是其最大的力量。

前英超射手 Rodallega
身在何方

　　還記得哥倫比亞前鋒 Hugo Rodallega 嗎？他是前維根競技和富勒姆球員，但在英格蘭度過 6 年時光後，卻無甚作為。

　　今年 36 歲的 Rodallega，第一次離開國家踢球是 2006 年到墨西哥，三年後獲維根競技賞識，以 450 萬鎊加盟。可惜，4 個賽季的進球數字只有 3、10、9 和 2，加起來只有可憐的 24 球，令人失望。有趣的是，2012／13 賽季，他仍有機會轉投富勒姆，但繼續低迷的進球率，前兩個賽季僅進 3 球和 2 球，之後降級英冠，終獲雙位數的 10 個進球。

　　不出所料，哥倫比亞人要離開英格蘭足壇，轉到土超，首個賽季為 Akhisar Belediyespor 上陣，曇花一現，上陣 34 場踢進 19 球，創下職業生涯新高，之後效力過 Trabzonspor 和 Denizlispor，直到今年回到南美洲，加盟巴甲的巴伊亞。

　　他在 15 場比賽攻進 5 球，最近有意回國重返舊東家 Deportivo Cali 門下，他在那兒贏過唯一一次聯賽冠軍。

星二代 André Ayew

出人頭地

　　卡達豪門艾薩德除了剛離隊的總教練 Xavi 為人熟悉之外，陣中還有大名鼎鼎的前英超球星 André Ayew。父親是三屆非洲足球先生，他與弟弟 Jordan 背負巨大的壓力成長，但總算能夠活出一片天。

　　31 歲迦納翼鋒 André Ayew，在法甲馬賽成名，2010／11 賽季就成為絕對主力，也是 2009 年 U20 世界盃冠軍主力，目前已為國家隊上陣 99 場，踢進 21 球。

　　他在馬賽效力長達八年，上陣超過 200 場，贏過兩次盃賽錦標，直至 2015 年免費改投英超的斯旺西，一個賽季後以 2000 萬鎊加盟西漢姆聯。有趣的是，他之後又重返斯旺西，轉會費為 1800 萬鎊，上賽季英冠表現可圈可點，披甲 43 場，踢進 16 球。

　　新賽季，他決定前西亞淘金，到十一月底為止，上陣 9 場，踢進 7 球，相當厲害。

藍軍射手前途未卜

Rémy

前法國國腳 Loïc Rémy，今年 34 歲，身在土超球隊 Çaykur Rizespor，上賽季披甲 19 場踢進 7 球，本賽季只是上陣了 260 多分鐘，沒能破門，一度傳出被解約，但官方後來否認，前途未卜。

Rémy 說不上是高效前鋒，由尼斯到馬賽，最多進球的一個賽季不過進 15 球，直至 2012／13 賽季被女王公園流浪者簽下，有機會登陸英超戰場。2013／14 賽季，他被租借到紐卡索聯，踢進 14 球，也是職業生涯進球數第二多紀錄，隨後被切爾西收購，擔任替補前鋒。

英超競爭激烈，Rémy 於 2017／18 賽季加盟拉斯彭馬斯，但狀態大不如前，之後被租借到赫塔菲，直至 2018 年夏天重返法甲里爾。2020 年夏天，他帶住連續兩個賽季進 7 球的數字，走到土超，可惜沒能重拾狀態。

國家圖書館出版品預行編目資料

綠茵場的尋人啟事 2021 / 列當度、剛田武、嘉安、
金竟仔、破風　合著—初版—
臺中市：天空數位圖書　2022.03
面：14.8*21 公分
ISBN：978-986-5575-92-2（平裝）
1.運動員　2.足球　3.世界傳記
528.999　　　　　　　　　　　　　111004206

書　　　名：綠茵場的尋人啟事 2021
發 行 人：蔡輝振
出 版 者：天空數位圖書有限公司
作　　　者：列當度、剛田武、嘉安、金竟仔、破風
編　　　審：此木有限公司
製作公司：駿佳有限公司
美工設計：設計組
版面編輯：採編組
出版日期：2022 年 3 月（初版）
銀行名稱：合作金庫銀行南台中分行
銀行帳戶：天空數位圖書有限公司
銀行帳號：006—1070717811498
郵政帳戶：天空數位圖書有限公司
劃撥帳號：22670142
定　　　價：新台幣 340 元整
電子書發明專利第　I　306564　號

服務項目：個人著作、學位論文、學報期刊雜誌等出版印刷及DVD製作、
影片拍攝、網站建置與代管、系統資料庫設計、個人企業形象包裝、技能
檢定影音平台與檢定系統建置、多媒體設計、電子書製作。
TEL　：(04)22623893　　　　MOB：0900602919
FAX　：(04)22623863
E-mail：familysky@familysky.com.tw
Https：//www.familysky.com.tw/
地　址：台中市南區忠明南路 787 號 30 樓國王大樓
No.787-30, Zhongming S. Rd., South District, Taichung City 402, Taiwan (R.O.C.)